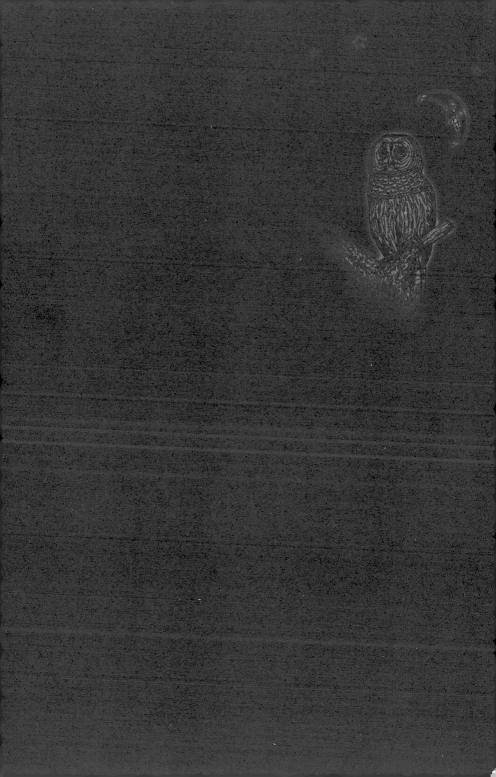

哈利波特
魔法學院

何之青◎著

帶你進入魔法學院
親身體驗哈利波特的上課歷程！

Contents

魔法學院課程

魔法史

魔法課

奇獸飼養學

下課時間

巫師檢定考試

作者序

如果你是《哈利波特》迷，那麼你是否知道巧克力蛙巫師卡中的阿葛麗芭為何許人也？麻瓜世界的藥草植物與芽菜教授所教的藥草學植物又有什麼不同？

如果你不知道這些問題的答案，本書將會為你提供滿意的解答。

這本《哈利波特魔法學院》是針對所有對魔法與《哈利波特》一書有興趣的讀者，所量身打造的書籍。內容依照《哈利波特》中霍格華茲學院中所教授的課程分類，介紹魔法史、各式魔法課程，以及有趣的魔法節日、食物與商店等，讓各位麻瓜與巫師可以一如學院中的學生，不但學習魔法課程，也悠遊在奇幻的魔法國度中。

本書只在麻瓜書店販售。雖然書中未下「制賊咒」，但保證各位購買這本書後，魔法功力將會大增。如果你只翻閱而不購買……那麼很可惜，我很確定你離巫師或女巫的魔法世界將越來越遠了。

不是用麗塔‧史譏的綠色羽毛筆自動書寫的麻瓜作者

何之青

魔法學院課程

你羨慕哈利、妙麗、榮恩等人高強的巫師法術嗎？其實，這跟在麻瓜世界一樣，也是需要經過一番努力練習和苦讀的。

如果你有心成爲一名巫師或女巫，歡迎你來到這個魔法學院。透過課程的精心安排，讓你有如進入霍格華茲學院就讀一般。學校的課程包括魔法史、魔法課、奇獸飼養學，而每一門課程中又細分爲多種類別。在這樣深入淺出的教導下，只要你肯用心學習，相信你一定可以成爲一位成功的巫師！

神秘的巫術世界

歡迎進入魔法學院！要想成為一名成功的巫師或女巫，就要先從最基本的認識巫術開始，瞭解這種只有巫師、女巫才獨具特有的能力。

巫術可以說是一種特異功能，從醫人治病，到預知未來、呼風喚雨等，都可被視為巫術的一種。從良善與趣味的角度而言，巫術或許可以是人們茶餘飯後用來消遣或解悶的方式；但若要嚴肅就宗教觀點而言，就可能是上帝與撒旦、善與惡的觀念對立之爭了。

★ 巫術的起源

不論是在古今中外，通常巫術盛行的時候，都是在國家有戰亂、政局不安定、經濟不穩定，或是天災、飢荒、疾病流行的時候。此時，巫術可以是人們在絕望的情況下，一種精神上的寄託；也可以是在身心的極度壓力下，讓恐懼與憎恨有所發洩的管道。

各國關於巫術的起源與傳說都相當早。像是在舊石器時代歐洲的岩壁畫上，就已經出現了行使秘咒的魔女畫像，也有半人半獸的巫師作法召喚森林之神。古代埃及人很崇敬鬼神，在他們複雜的神學裡，就充斥著大量的原始巫術、神話及民間傳說，所以神靈的數目極多，並且西元前一千兩百年，就已經有鎮壓魔女的記載。西元前四世紀，希臘也有過對女巫行刑的紀錄，可見巫術在相當古老的年代裡便已存在。

而各地區的巫術內容與行使方式則不盡相同。例如韓國的薩滿教是以巫婆為中介解決人的問題，經由身穿巫服的巫婆向神獻祭品，在巫樂的伴奏下邊舞邊誦咒詞，向神祈求調節吉凶禍福等有關人的命運。而台灣的原住民，則公認布農族的巫術是九大族中最靈驗、最具法力的。布農族的巫術可分為兩種，一種稱為白巫術，即人們求晴、祈雨、驅鬼、除蟲、尋物、招魂，甚至使不孕婦女生子、使沒有感情的男女相愛等。第二種稱做黑巫術，多半用於報復他人。巫師也可分為兩種，一種為歷代相傳，由老巫師傳授；另一種是神靈在夢中傳授的巫師，稱為夢巫。

由於巫師會利用占卜、看相、解讀魔法牌等方式傳達神諭，也因為具有這樣神秘的力量，所以巫師經常會被人

們與邪惡畫上等號。像是在夜間舉行的巫魔大會、會變換形體、會吃人肉，甚至會與惡魔發生性行為等。這些傳說，都是人們對於巫術過多的恐懼與想像所得來的。

★ 巫術的經典書籍

有關於魔法的作法及咒語，流傳至今的幾乎都是手抄本。其中，以《所羅門的鑰匙》一書最為著名，裡面記載著召喚惡魔的咒語與符咒，據說這是負責與地獄聯繫的所羅門王(西元前九七一年至西元前九三二年)所撰寫記錄的，此後便以各式各樣的版本在巫師界流傳。這些咒語是以羅馬字書寫的希伯來文，只要巫師站在魔法之圓的中間，拿著樹枝召喚惡魔，並念出書中的咒語，惡魔就無法抵抗而會任人擺佈。

此外，還有一本《陰影書》，同樣被巫師們視為聖典。這也是一本手抄書，書中記載魔咒、各類不同儀式的程序，以及各種草藥和占卜的知識。據說每位巫師都會擁有一本《陰影書》，在每次集會時，便把書拿出來互相切磋研究。年長的巫師，則會把自己學過的魔法及親身經驗寫在書上，讓年輕的巫師傳閱。而巫師則必須對書中的內

容守密，如果有巫師把書裡
的秘密向外人洩露，便會被
其他的巫師處死。而且，《陰影書》還
有「書在人在，書亡人亡」的法則，如果有任何一方消
失，另外一方便不會在世上存在，所以《陰影書》可說是
每位巫師的第二個生命。

　　如果有興趣製作一本屬於自己的《陰影書》，可以參
考下列的製作方法。

1.材質：以羊皮紙為最佳。

2.封面：套上黑布作的書套，封面貼上你所信仰的神明圖
　　　　像，或設計屬於自己的徽章或圖騰，也可直接繡
　　　　上名字。然後貼上象徵四元素的圖案，使五個圖
　　　　形成一個五角星，圖案可由報章雜誌剪下。黏貼
　　　　的方式如下——

頂點：你所信仰的神明或守護神圖案

右上方：水元素，如魚類、水滴、貝殼、杯子、茶壺
　　　　等

右下方：火元素，如燈、蠟燭、火焰等

左下方：地元素，如植物、寶石等

左上方：風元素，如鳥類、羽毛、氣球、扇子等

3.內頁裝飾：

　　油墨—除了一般的墨水外，也可加入少許精油增添香
　　　　味，但是不要使用過多種類，以免味道混合。

　　圖案—無論是自己畫的圖、剪貼或紙雕皆可，但圖案
　　　　最好符合當頁的主題。例如關於愛情的符咒那
　　　　一頁貼上玫瑰花瓣，或使用心型圖案。

　　押花—只要把花瓣小心取下，夾在書裡即可。花瓣不
　　　　能重疊，也不要有縐折破毀。為期約二到三個
　　　　月，這中間千萬不要打開看。

4.施法術：架一個祭台，大小不拘，只要能放的下書即
　　　　可。為了不讓邪靈附在書上，必須在祭台外用
　　　　白色的粉筆劃上一個由組成的圓圈。然後再以
　　　　自己的血在書皮內側劃上一個圓圈，代表是此
　　　　書的所有人。

★ *巫術的初級訓練*
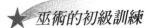

　　如果你羨慕在霍格華茲學院中的學生每人都有一根魔杖，其實不必到斜角巷的奧利凡德購買，你自己就可以製作一根專屬的魔杖，而且不需要使用到獨角獸毛、鳳凰尾羽還有龍的心弦喔！

　　這根魔杖的製作方法很簡單，首先從竹子、橡樹或柳樹砍一段與手臂一樣長（約是從肩膀到中指尖的長度）的樹枝下來，並確定木頭上沒任何幼芽或分枝連結，再利用沙紙把樹枝磨到完全光滑爲止。平時收藏或施法完畢後，必須拿一塊白色或黑色的蠶絲布把魔杖確實包好。

　　有了魔杖之後，就可以先從基礎的魔法開始自我訓練起。練習善用以下這幾種物品的特性，是進入巫術世界的初級功課。

掃把：據說將掃把倒放可以趕走家中的不
　　　　速之客。

黑貓：在埃及黑貓是掌管死亡的神
　　　　靈，可以趕走惡靈；在

英國，只要有黑貓願意停下來讓你摸頭，可以帶來好運，但是摸尾巴則反之。

蠟燭：黑蠟燭可以消除煩惱。但是當藍色的蠟燭出現藍色的火燄則代表有惡靈入侵屋內。

藍衣：在遇到麻煩事的時候，藍色的衣物可以趕走惡運、藍色的鞋子也有相同的效果。

洋蔥：洋蔥是發燒及被狗咬傷時最好的特效藥。

鹽巴：鹽巴有除臭、殺菌的作用，將鹽巴撒往右肩，可以除去惡運，撒在窗口則可以防止鬼魂進入。

馬蹄鐵：將U字型的馬蹄鐵掛在門上，可以防止愛人變心及惡靈入侵。

鏡子：中國人會習慣將鏡子掛在門上防止鬼魂的打擾，女巫們則用鏡子施愛情咒。

風鈴：如果風鈴在沒有風的情況下搖動，代表有鬼魂闖入家中。

麻雀：如果有麻雀在頭上或屋裡繞三圈，代表將有麻煩的事發生。

月暈：代表麻煩事、不安與壞天氣。二道
　　　月暈代表戰爭，綠色的月暈可以使
　　　人青春美麗。

銀針：用銀針刺破左手的食指，可以使離去
　　　的心上人重回身邊。

鼠尾草：鼠尾草是很好的驅蟲植物，也可以
　　　　防止惡靈入侵。

你知道嗎？

　　在英格蘭西部格拉斯頓柏立岩附近，有一個阿瓦倫島基
金會，這個基金會自一九六一年設立以來，已換過多次名
稱，並於一九九五年成為一個慈善基金會，課程內容五花八
門，目前有學生一百八十五人。

　　這個基金會在今年首度推出推出了一門二十一世紀巫術
課程，所有的課都是在周末上，而且在課程設計上只有一
年。不過有很多學生都已經在這裡上了三年課，而且還打算
繼續唸下去。

揭開巫師的秘密

巫師顧名思義，是會行使巫術咒語的人。與巫術相同，巫師也有好壞之分，他可以利用主觀的仇恨去傷害別人，也可以用咒語來對抗邪惡的力量，以保護自己和其他人。

所以廣義來說，巫師在社會中具有很多的功用。他們可以利用巫術魔法保護他人，免於受到天災人禍的傷害；他們也可以修正錯誤、操控大自然，以及為奇異難解的現象找到答案等。

★ 巫師的起源

巫師這個字的法文原意，是指能經由祭祀或類似的儀式去改變他人命運的人。由於巫師能夠以咒語施行法術，因此它也成為巫術、詛咒的同義字。像是西班牙文與義大

利文的「巫術」一字，便有包藏禍心之意。而從十五世紀開始，巫師被更明確地指出其法力是源於魔鬼附身。至此，巫師與魔鬼代言人被劃上了等號。

第一批的巫師源於崇拜魔鬼的異端份子維爾多派。維爾多是法國里昂的商人，其門徒被教皇視為異端，於是他與信徒便逃到阿爾卑斯山隱居。究竟維多爾派的信徒犯了什麼罪？根據日後書籍的記載，這群人在壓力下承認諸多罪名，例如信徒們參加聚會時，會在小棍子上塗上油脂，並且把棍子夾在兩腿之間便可騰空起飛。而他們在阿拉斯鄰近的森林有一處聚會場所，魔鬼會以狗、羊等動物形體出現，並大肆抨擊基督教。宴會結束後會將癩蝦蟆磨成粉末，製成毒藥，再灑在田野村莊裡，讓人畜死亡，並藉此散播瘟疫。

只是這些證詞都是在嚴刑逼供之下而說出，據說有許多人犯在招供後仍被綁上火刑架時，都大呼上當，因為法官曾答應他們若坦承罪刑並懺悔改過，便可免於一死。

★ 女巫的由來

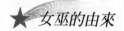

　　雖然巫師可以是男也可以是女，但普遍相信多是女性。其實這是與長久以來女權地位的低落有很大的關係。

　　在早期的農業社會裡，由於人們對醫學及衛生保健並沒有正確的知識，又加上當時人們認為「女子無才便是德」，因此只要是聰明、對藥草與醫療等具有相當常識的女性，都會被嫉妒她的同性或異性冠上「女巫」的稱呼。

　　說穿了，早期的女巫和現代的女醫師事實上並沒什麼不同，她們懂得使用藥草來治病、製藥、保健等，也知道要如何種植植物、飼養動物，甚至也明瞭一些簡單的天文地理知識。在太平盛世，這些女人或許備受尊敬，然而一旦發生任何天災瘟疫時，他們卻會成為眾矢之的，成為村民發洩情緒的對象。像是只要村裡有人或動物生病、死亡，抑或是女人無法生育、嬰孩離奇死亡，以及任何天災等，便會怪罪在這些「女巫」身上，這就是女巫的起源。

　　除了上述的原因外，人們相信巫師以女人

哈利波特魔法學院

居多，這是因爲巫師們祭拜的，都是與婦女有關的女神。
例如來自羅馬的女神黛安娜，便有「女巫之神」的稱號。
傳說黛安娜是太陽神阿波羅的妹妹，掌管月亮以及女性的
月經。女巫們白天可以是別人的女兒、妻子或母親。入夜
後，她們便會響應黛安娜的號召，成群結隊地騎著掃帚或
動物，偷偷從窗子、牆壁或煙囪飛出去，穿越廣大的田
野，執行黛安娜的命令到處害人。

★ 印記與法力

　　提到女巫，一般人浮現腦海的影像，都是戴頂尖頭的
大帽子及披件寬大的黑袍。這樣的印象主要是源於女巫被
審判時的裝扮。因爲當他們被捕後，便被迫頭戴繪上魔鬼
的高帽，身上亦穿著具有魔鬼標誌的外袍。

　　而在身體上，一般人也都相信巫師有特殊的印記，以
證明其身份。例如，有些女性在乳頭部位有小的腫脹，在
經由嚴酷拷問的情況下，女性會承認這種腫脹是多餘的乳
房，而被視爲是女巫的證據。又如雀斑或痣也會被視爲巫
師印記，因爲有些斑或痣呈現如蝙蝠等小動物的形狀，而
小動物可經由巫師的魔力而被喚爲嘍囉加以利用，甚至在
某些地方連跳蚤都被視爲是巫師的爪牙，所以如果身上有

被跳蚤咬過的痕跡，也會與巫術脫不了關係。更有甚者，一些先天的身體殘障(古代迷信畸形的兒童是撒旦的子孫，畸形兒的母親有時會因此而被處死)，或是後天的傷口，也都可能會被視為是惡魔而強冠上邪惡的標籤。

一般相信，巫師擁有神奇的魔法，用來害人、施咒，以及召喚惡魔等。例如：

1. 飛天術：在小說與圖畫中，常可看見女巫乘坐掃帚在天空飛行，據說他們是在掃帚或棍棒上塗抹小孩所分泌的油脂後，便可以在空中飛行。此外，女巫也可以乘坐在動物上四處遨遊。

2. 咒 語 ：巫師會將詛咒蘊含於一些奇怪的話語裡，也就是咒語，對被詛咒者產生效果，包括令人畜生病、呼風喚雨等。

3. 占 卜 ：隨著星象學、煉丹術、神秘主義體系等的介入，巫師的含意更擴大至可從事神秘魔法的人，包括未卜先知、召喚惡魔、調製魔藥等。

這些神奇的魔法，一般人無從辨知，然而無論是真是假，在以基督教為唯一真理的中古世紀，凡是被冠上「巫師」名稱的，都難逃殘酷的折磨與拷問。

★ 巫師的集會

　　中世紀時期巫術盛行之時，撒旦是女巫信奉的對象之一。女巫的夜間集會稱爲「巫魔會」或「魔宴」，是爲撒旦舉行的獻祭禮。在集會中，撒旦會現身，他最常以雄貓、黑色山羊或有羽毛的蛤蟆形象出現。如果有新信徒加入，撒旦會以惡臭的液體爲他施洗，並供給黑聖禮麵包。

　　崇拜撒旦的肉體並服從撒旦，是參加集會時信徒們必行之事，撒旦也會和每位參加者發生關係。在獵殺女巫時期，便曾有「女巫」供稱，她和撒旦生下怪物。

　　在德國童話「糖果屋」中所描述的女巫吃人，正是古歐洲對女巫的既定印象。當時人們相信女巫會活生生地撕裂嬰兒，甚至連自己的孩子都不放過。她們飲用這些嬰孩的血以返老還童，或者加以烘烤，帶往女巫淫藝的巫魔會裡享用，作爲夜間盛宴的餐點。

　　由於當時人們都認爲撒旦是有血有肉，並且確實存在的，而且撒旦會到處誘惑

人類。驅趕他的方法是灑聖水或借助十字架，但撒旦離去時會留下惡臭及燃燒的硫磺。

據說歐洲女巫的三大集會地分別是瑞典的莫拉、英國的曼恩島以及德國的布洛肯恩山頂。而根據歐洲的女巫月曆，巫魔宴約在下列幾個日期舉行。

2月1日
聖燭節的女巫巫魔會。

2月14日
為女巫而定的犧牲品貢獻日，在愛爾蘭等地進行。

4月30日～5月1日夜
瓦魯布爾奇斯的女巫巫魔會。

5月1日
在英國康奧爾地方秘密地進行的女巫的舞會。

7月31日
收穫季的女巫巫魔會。

10月31日
萬聖節的女巫巫魔會。

10月31日夜
哈羅維恩（哈羅馬斯的通宵祭典），是女巫及妖怪出現的祭典。

你知道嗎？

在《哈利波特》中，不會魔法的人稱為「麻瓜」，但現在這個名稱卻被人控告侵權。一位叫做史托佛（Stouffer）的人，在1984年出版《The Legend of Rah and Muggles》，書中的主角賴利波特（Larry Potter）和哈利波特的長相一樣，都有深色頭髮與超大眼鏡；哈利波特的母親莉莉波特（Lily Potter）也與史托佛書中人物Lilly Potter僅相差一個字母。甚至連《哈利波特》中的「麻瓜」（Muggle）一字以及部份書中情節，也都和《The Legend of Rah and Muggles》相似。

史托佛在表示，「麻瓜」的靈感是來自他的兒子，他兒子在上床之前都會要求親親他的「muggles」，也就是臉的雙頰。而羅琳則強烈否認這項指控，她在一開始時，先是表示不知道「麻瓜」這個字是從何而來，後來卻又改口說是聽到別人討論後而產生的靈感。究竟真相如何，恐怕只有當事人曉得了。

巫師與麻瓜的戰爭

　　人們對於自己無法理解或無法掌控的事情或現象，往往會感到恐懼、憤怒，進而產生要消滅對方的想法。而這可能就是中世紀時巫師慘遭殺戮、迫害的原因。此外，獵殺巫師的行動與西方中世紀末期社會動盪不安，以及當時宗教信仰的改變也有關係。

★ 戰爭緣起

　　從中世紀末期開始，歐洲出現接二連三的災亂，例如基督教會發生「羅馬教宗巴比倫流亡」(1309～1376)及「教會大分裂」(1378～1417)的事件，使基督教領導地位衰落；英法百年戰爭(1337～1453)戰火荼毒歐洲平民百姓；再加上十四世紀初的農作欠收、大飢荒，以及不久「黑死病」(1347～1350)的流行，這些事件都讓歐洲長期處於動盪不安的狀態下。人們普遍缺乏安全感、彼此互不信任，更認定社會亂象與魔鬼及其同路人，也就是巫師有關。因此一遇到有任何災變或意外，就用莫須有的罪名指

控別人是<u>巫師</u>，並以巫師事件解釋社會上許多不幸事件產生的原因。

在中世紀時，如果有人家中發生變故，像是家人突然生重病，或是所飼養的牲畜暴斃，便可能會指控曾與自己有糾紛的鄰居是巫師，以此解釋家中的不幸。例如在一五六五年，英國處死了一名女巫瑪歌莉，原因是：「她曾向鄰居借東西被拒絕，不久鄰居的小孩便病發身亡」。還有一位蘇格蘭婦女則是因為與同父異母的姐妹吵架，然後她同父異母的兄弟卻不幸意外身亡，於是便因此而遭到指控以巫術害人，被處以死刑。

其次，不容於當時宗教信仰者也會被視為異端，而被

指爲巫師，成爲教派相互對抗與被宗教迫害的工具。在一五一七年歐洲宗教改革以後，因爲天主教與基督新教雙方對抗激烈，加上俗世政權也捲入這場宗教戰爭之中，個人在信仰上被迫必須選擇天主教或基督新教，因此經常發生因爲宗教見解與所屬教會立場不同而喪命者。

例如一五九九年，一位義大利的磨坊主人史坎戴拉，因爲批評天主教教會腐敗，並宣揚與教會立場不同的宇宙演化論，也就是主張宇宙萬物，包括上帝在內，都是誕生於一片原始的混沌之中，因此被判處火刑。

在迫害巫師的歷史背景下，被捕或被處死的「女巫」佔了絕大多數，在有些地區，被燒死的「女巫」竟占總人口的十分之一。從十四世紀至十五世紀，全歐洲被燒死的「女巫」在五萬人以上。

而哈利所就讀的霍格華茲學院，其創辦人便是四位被麻瓜迫害的巫師。他們在一千年前，選擇麻瓜所窺探不到的地方，建立了這所魔法學校，並分別以自己的名字命名學校裡的四個學院。藉由學校裡教授的魔法課程，訓練許多出色的巫師與女巫，讓神秘的魔法得以繼續流傳。

★ 獵殺行動開始

在十三世紀之前，羅馬教會在對抗異教徒或異端者時，皆需經由世俗權力所組成的政府或十字軍權力。為了建立一個可以全然由教會發號命令的機構，羅馬教宗葛瑞可利九世在一二三〇年時建立了一個可由自己控制的先鋒部隊，稱為「異端裁判所」，專門用來對付異端並將其繩之以法。

知名的科學家伽利略，在當時也是被異端裁判所認定為巫師異端的受害者。伽利略是十六、十七世紀的天才，一六〇九年因為架設望遠鏡觀察天空星象，而被認定褻瀆偷窺上帝。他所主張「地球繞著太陽運轉」的理論也觸犯

當時教會認為「地球是靜態，也是宇宙中心」的想法。於是伽利略被羅馬教會禁止再發表與天文有關的言論。一六三二年伽利略仍出版「與二個巨大世界體系對話」一書，再度反證教會的觀點。於是六十八歲的他被帶到異端裁判所再度審訊，在受到生命的威脅下他撤回主張，在一六四二年過世前未曾再提及星象看法。

其實相同的觀點，葡萄牙的天文學家哥白尼之前也曾提過，只不過他聰明地只告訴少數好友。哥白尼的主張是在一五四三年過世時才出版，據說哥白尼在病床臨死之際收到自己出版的書時才心甘情願地闔眼離世。

十七世紀捕捉女巫最有名的要算是英國的馬修・霍普金斯了，他原本只是一位名不見經傳的清教徒律師，一六四四年當他在家鄉陸續成功揭發巫師後，竟然搖身一變自稱為「獵殺女巫首領」。他巡迴英國各地，每到一個地方，便遊街宣傳，鼓勵民眾檢舉巫師嫌犯。成功揭發一位巫師後，便收取一先令的費用。馬修的紀錄是在十四個月內將四百位女性送上火柱。

★ 審判與酷刑

　　其實十五世紀之前，教會對於魔法並不是如此趕盡殺絕的，他們甚至認為女巫不但無害，甚至有時還有娛樂性質的算命，或是如供應化妝水的商業助益等。

　　但在一四八四年，法王伊諾肯狄華八世開始發出禁止咒語與法術的命令，要求教會人員協助異端裁判所捕捉被認為是施行魔法的女巫。就是這麼一張白紙禁令，讓異端裁判所從此展開巫師的逮捕與審判行動。於是，所有與巫術、咒語、巫師、惡魔等相關者，都被視為異端而加以逮捕，並遭到酷刑拷問。

而歐洲數萬個有思想、有個性的女性，也在接下來的二百五十年期間內，活在隨時會被認定是女巫而被燒死的威脅與恐懼中。

　　通常只要有一個控告者及一個證人，異端裁判所就可以將人抓來訊問。在一個月的「恩典期」的期限內，願意表明悔改的人會被判罰款以及到聖地朝聖之輕刑。然而大多數人都會被施以酷刑，包括鞭刑、夾手指或灌水等。例如吊刑，是將整個人從腰身綁住，並在朝下的腳踝綁上重

物下拉直到骨骼斷裂。有的酷刑還特別設計了拷架，將整個人的手足朝向不同方向綁住，並向外拉到骨骼撕裂為止。還有的是在審判定罪後將囚犯穿戴上面具與外套遊街，然後送往火柱燒死，財產沒收歸給教會。

　　此外，飼養動物的女性通常會被列為女巫的頭號犯，然後被帶到異端裁判所內查證。檢驗是否為女巫的方式很多，通常有下列幾種：

1. 檢查身上是否有魔鬼的標記，如斑點、疤痕及胎記等，如果找到，便用小刀或別針戳刺，因為人們相信，這種魔鬼的標記因被撒旦觸摸過，所以刺的時候不會感到疼痛。

2. 關在地牢期間，如果有甲蟲或老鼠靠近也是有罪的證據。

3. 如果嫌犯通過上述考驗，接著會被交叉綑綁脖子與腿，單獨監禁兩個晝夜，並且在囚室門上留一小洞，藉此監視是否有「小鬼」從此洞進出。

4. 如果嫌犯仍拒絕懺悔，則命令他在滿佈尖石及銳物的地上跑步，直到對方筋疲力竭倒下，或願意表示悔意才停止。

5. 將嫌疑犯綁在一塊大石頭上。將臉朝下丟入河裡，因為教會相信每個巫師都有魔鬼的保護，如果這個人是浮在水面上，代表魔鬼不想讓他死，藉此也可證實魔鬼信徒的身份，執法者會把他撈起再施以死刑。相反地，如果沉入河底，便代表他無罪，但也會當場溺斃。

由此可知，當一個巫師嫌犯被逮捕時，根本是欲加之罪，無論如何否認、掙扎，最後都只有死路一條。

雖然在《哈利波特》書中提到，真正的男巫或女巫，對於焚燒的這種刑罰，只要施一個最簡單的凍火咒，就可以一面假裝痛得尖叫，一面享受那種輕柔、酥麻的感覺。但在現實生活中，可就不是這麼回事了。

西元一六三五年，有一位梅法斯博士對女巫會吃人的觀念提出異議。他認為女巫盜墓食屍不可能完全不留下痕跡，並且引用醫師的報告，指出食用腐屍輕則致病，重則喪命，而藉此證明女巫吃人的矛盾處。然而這樣理智的聲音終究還是被激情的獵巫潮淹沒。有一次在一個名為「林德漢」的小鎮，六名婦女經過嚴刑逼供，招出她們偷竊小孩屍體作為巫術之用後，便被處以死刑。之後其中一人的丈夫前往墓地挖起曾遭「女巫」盜屍的棺材，發現該名孩童的屍身仍完好安置其中。根據教會士審判官解釋，該具

屍體乃魔鬼偽造，並且下令焚毀屍體。

在《哈利波特》的破釜酒吧內，有一位名叫伏德秋的人，開了一家「伏林・伏德秋冰淇淋店」，他知道很多關於中世紀焚燒女巫的知識，不知他的祖先是否也曾是受害者之一？

你知道嗎？

被麻州人暱稱為「女巫城」的塞林小鎮，位於波士頓以北25公里處，車程約40分鐘左右，它同時也是前往波士頓以北幾個城鎮的必經之地。

由於1692年一場聲名狼藉的女巫審判，使得當時這個小鎮上一千五百名的人口當中，就有一百五十人被誤認為是女巫而被吊死。鎮上還有具鬼魅氣氛的參觀景點，如女巫墓園、女巫博物館等，現在一些研究巫術的人也移居到這個小鎮。

變形術

　　變形是在霍格華茲課程中，最複雜、也是最危險的一種魔法。嚴厲又聰明的麥教授是負責這門科目的老師，她本身就是一位化獸師，她最擅長變的動物便是貓。

　　所謂的化獸師，是指可以隨心所欲變成動物的巫師。但在成為一名化獸師前，得花上好幾年的時間，然後還要到魔法不當使用部登記註冊，告訴他們要變的是哪一種動物，身上又有什麼樣的特徵等，這樣才可以防止巫師濫用這種能力。這個世紀裡，在魔法部登記為化獸師的，包括麥教授在內共有七名。

　　通常變成動物的巫師，變形後都還會保留身上原有的部分特徵，像是麥教授戴的方框眼鏡，和她變形成虎斑貓後的眼睛周圍斑紋一模一樣。未登記註冊化獸師的預言報記者麗塔·史譏在變形成為甲蟲後，觸鬚周圍的花紋也是與她原本戴的眼鏡一樣。

在施行跨種變形互換時，變形咒必須進行調整，否則便會出現像是將鳥變形成天竺鼠時，老鼠身上還帶著羽毛的情形。至於要把人由動物變回人形時，則就像是看一段紀錄植物成長過程的快轉影片，先是從地上忽然冒出一個向上攀升的頭顱，然後再如萌芽般長出了四肢。

除了經由後天的訓練可以成為化獸師而自由變形之外，還有一種變形是屬於天生的異能，例如路平教授變成狼人便是與生俱來的。在月圓時，他會失去意志，痛苦不堪，而後變成狼人。在路平年輕時，由於還沒有抑制體內變身基因的藥物出現，所以每當滿月時，他只好逃到渾拚柳樹下的密室暫時躲藏，他未登記化獸師的三位好朋友——詹姆·波特、彼得·佩迪魯、天狼星·布萊克，會分別變成雄鹿、老鼠、巨狗，陪伴路平。後來等到石內卜研製出魔藥「縛狼汁」，路平才脫離變身狼人之苦。

變形也往往成為被指控為巫師或女巫的證據。因為根據中世紀的傳說，魔鬼會變成不同的怪獸，如老鼠、山羊、癩蛤蟆等。例如在巫師的集會巫魔會中，魔鬼便會化身成山羊出現，巫師便要輪流親吻山羊的屁股以表示對魔

鬼的尊重。有時巫
師也會
變成狼
人，
攻擊路
人。在獵殺女巫的中世紀
時期，許多證人便指證嫌犯化身爲貓或其他動物入侵他
家；甚至只因爲一隻野兔跑過某名婦女家門前，而她便因
此被指控爲女巫。

你知道嗎？

除了上述文中敘述的幾種動物外，貓也是女巫在變形
最常選擇的動物形體。因為貓給人神秘的感覺，而且走起路
來腳步很輕，出沒總是靜悄悄的。再加上貓多半代表女性，
牠的鬼魅特性又容易讓人與魔女產生聯想，因此不但女巫會
變形成貓，許多巫婆也會養隻貓當寵物。

占卜學

在崔老妮教授的心中，占卜學是所有魔法技藝中最困難的一個科目，學習者本身也需具備「靈性」。

占卜學是一門可預測未來、趨吉避凶，進而修心養性的學問，這種可參透未來的「法術」，不論古今中外都十分盛行。

在崔老妮教授所教授的占卜學課程中，有下列幾項基本技巧。

★ 茶葉占卜

從茶葉在杯中的位置，可預知即將發生的事情，而這樣的說法已經流傳了數世紀。據說這個占卜方式是由中國

人所發明，而其他國家也有一些另類的占卜方式，例如英
國人是以他們常喝的紅茶來占卜，以杯底殘留的茶葉進行
解讀；而古羅馬人則是利用酒的殘渣。但這個占卜方式還
真的是需要聯想力與想像力，否則對於所產生的圖案，還
真的是會令人摸不著頭腦。

■ 占卜工具：

純白(需無任何花紋裝飾)茶杯一個，以寬而淺爲宜。

自然材質的茶壺。

一小把中式或西式茶葉，以葉子完整爲佳。

■ 占卜方式：

步驟1： 將熱開水倒入茶壺中，待茶壺溫熱之後倒掉。

步驟2： 將茶葉放入壺中後，隨即倒入剛沸騰的熱水，
使其完全翻轉滾動。

步驟3： 蓋上壺蓋，讓茶葉浸泡一會兒，再將茶葉連同
茶水倒入杯中。

步驟4： 喝完後，在杯底殘留一些足夠覆蓋茶葉的茶
水。

步驟5： 以左手持茶杯把手，依逆時鐘方向繞三圈，並
在心中默念問題。

步驟6： 將茶杯蓋住，倒扣在茶碟上，使剩餘的茶水流
乾。由於有一些茶水會流入茶葉間的空隙，使

杯底的茶葉渣產生流動，而不只是單純的沉
澱在杯底，而茶葉則會往杯口流去。

步驟7：當茶水流乾後，將茶杯擺正，觀看在杯子中的
茶渣所形成的圖案。

■ 結果分析：

1. 茶渣位置

若靠近把手者，則與自己個人有關。

若正對著把手（即把手對面）者，則與親友有關。

若位於杯底（即正中央）者，則象徵不幸。

若靠近杯緣者，則代表最近發生的事。

若靠近杯底者，則是許久以後才會發生的事。

2. 圖形意義

心形：象徵愛情

正方形、長方形：象徵決裂、分離

月形：象徵減損（弦月形）、增溢（滿月形）

蛇形：象徵敵人

十字形：象徵攻擊

馬蹄形：象徵好運氣

船錨形：象徵安全、勝利

幸運草形：象徵美好的未來

掃帚形：象徵新的計畫與方向

水晶球

自古以來，水晶就被各個民族視之爲水的化身。古中國人稱水晶爲「千年冰」，古印度人稱水晶爲「水精」，爲佛教七寶之首；古希臘人認爲水晶是水結成冰後，再由上天將其石化結晶而成。

中世紀的歐洲，魔法師、鍊金師、占星學家、吉普賽人們也都運用水晶、水晶球開發人體潛能、預知未來；美國的印第安人認爲生命的能源存在於水晶中；馬來半島上一支名爲馬格的少數民族，他們的巫醫可以利用鹿血使水晶內的精靈甦醒，籍以找出人們生病的原因及治療方法；在美拉納西亞的多葡島上，人們則是運用水晶來作護身符。

據說，傳說中的大陸「亞特蘭提斯」，便是建構在水晶上的高度文明。直到今天，水晶奇妙的功效仍不斷的在流傳，並運用於日常生活中。

⊙水晶的種類與功效：

1.白水晶：可以淨化全身，驅走煞氣，讓好運接踵而至，並讓身體恢復元氣。

2.紫水晶：又稱爲「智慧之石」，能提高靈性，增廣思想的空間，並增加預知能力和分析能力，使頭腦清晰。

3.黃水晶：這是能讓人有偏財運的水晶。

4.綠水晶：能夠提高事業運，強力凝聚事業與財富。

5.粉水晶：是愛情晶石，會發放出粉紅光芒，能讓人打開的心房，使身體發放出和諧的頻率。

6.髮水晶：功力爲水晶之最，使用髮水晶可以快速見效，而其種類甚多，包括：金髮晶、紅髮晶、白髮晶、黑髮晶、銀髮晶、銅髮晶、綠髮晶及藍髮晶等，初次使用者不宜。

 ## ★ 手相

手相學的起源相當早，根據現在印度各地廢墟壁畫中所殘留的古老記錄及婆羅門教所傳的教義中，都可以瞭解到手相在古印度時甚為流行。

有關手相學，世界最早的記載是在聖經舊約第三十七章第七節中，就有這麼一段記載：「每個人生下來，神便在手掌上刻劃著各種紋線，作為一種印記，叫所有的人知道他的所作所為。」

至於中國的手相學，也具有相當悠久的歷史，據說是首創於周朝（約在三千多年前）的叔服與姑布子卿。而比較完整的手相論著，是在西漢時代的許負所著的「相手篇」，可算是中國當時最有系統的相法。明朝袁忠徹所編纂的「神相全編」，則是現存最古老的手相學文獻。其後歷代各大名家，將手相學只是附屬於人相學中的一部份，並不如西洋手相的獨立，所以中國的手相學並不如西洋手相學那樣發達與普遍。

而日本據說是在平安時代中期，由中國將易學和手相學一同傳入，到了江戶時代末期才普遍起來。水野南北所寫的「南北相書」，是日本手相學最古老的文獻。

　　凡是研習手相學的人，都一定要將手形與紋路依不同類型分門別類歸檔，並將它們的特性精確地記錄下來。如果收集種類越多，就越能看出新的問題。研究手相時，手形和掌紋應一起參看對照，不能只偏重其中一項，並且應以手形爲先，其次再參看掌紋。

　　以前手相術認爲男左女右，但是近代的手相術是以左手代表先天，而右手代表後天；換句話說，雙手是互爲因果。如果左手和右手之線紋極端不同，代表此人性格較複雜，運勢的變化也較明顯。

◤手形的代表意義：

1. 手代表掌握力的代表，所以手最好稍微大一點。
2. 手上的肉要厚，尤其是手背的肉，這代表有財富。尤其到了老年，手背的肉是代表此生奮鬥的成果。而年輕人手背的肉通常比較少。
3. 手背最好不要青筋浮現，青筋浮現表示將來謀官求財比較操心勞累，但並不代表不會成功。
4. 手指宜端正，若有左偏右偏的情形出現，則代表將來比較容易利用投機管道。
5. 手掌顏色與身體狀況有關，宜紅潤有彈性，且紅潤的部分要一整片，不要有一點一點的紅斑。

■掌紋的位置與代表意義：

1.太陽線：是向無名指下之太陽丘（位於無名指根部的隆起處）上升的線，代表吸引人的個性與魅力，也可代表成功線，對戀愛、結婚也很重要。太陽線越長，成功度越高，也會越受到歡迎。

2.感情線：是從小指下方往食指延伸的線，與感情、美感有關。停止於食指和中指之間是標準的長度，線更長的人易動情，也較為溫柔體貼；線較短的人則以自我為優先。

3.智慧線：由拇指與食指之間往手掌中心橫伸，代表知性與才能。智慧線短的人憑直覺做事，也易衝動；越長表示越有耐性，個性越沈穩。智慧線和自我充實有關，因此對戀愛也有影響。

4.命運線：是朝中指下往上伸展的線，代表生活與精神的安定慾望，顯示投入事情的執著與意志力，所以很多人在年輕時並無此線。如果命運線停止於感情線，表示此人感情重於理智。

5.生命線：是由拇指與食指之間向手腕方向伸展的線，可看出健康狀態。彎曲的幅度大小代表生命力的強弱，較未伸向中央者，對愛情採取消極的態度，行動力也弱；若生命線有斷掉、不連接的情形，需要注意身體，不要做超出體力負荷的事。

你知道嗎？

　　我們常玩的撲克牌，也是用來占卜的重要工具之一。但你知道牌面上所代表的意義為何嗎？

梅花 	是火的元素。代表權勢、力量、徽章、樹和生命力。
方塊	是土的元素。代表財富、方位，以及過去、未來、現在和關鍵。
紅心	是水的元素。代表愛、內心、感覺、慾望。
黑桃	是風的元素。代表劍、方向、勇氣及目標、命運。
數字1~9	代表人的生命靈數。
數字10	代表陰陽、協調、平衡、光和影，以及一體兩面。
字母J	代表使者、第三者、負有責任的人、關鍵人物、排斥者、另一個意外的方向。
字母Q	代表皇后、女人、女性的愛人、生育、愛的主使者、自由主義者、方塊和紅心的主人。
字母K	代表國王、男人、男性的愛人、權力、主宰者、獨裁主義者、梅花和黑桃的主人。
小丑	代表配角、娛樂者、惡魔、負面力量。

飛行課

　　珍藏於霍格華茲圖書館中的《穿越歷史的魁地奇》一書中提到(本書在麻瓜書店也可以買的到哦！)，早在西元九六二年時，歐洲的女巫和巫師們就已經開始使用飛天掃帚了。因為在巫術世界中，還找不到任何一個咒語是可以讓巫師單靠肉體在天空飛翔的，所以必須藉助飛天掃帚的力量。至於掃帚雀屏中選的原因，是因為這是個不起眼、價格低廉、攜帶方便、又很好藏的工具，即使被麻瓜發現也不會令對方起疑。

　　而在現實的麻瓜世界裡，從中世紀開始，民眾便普遍相信每個巫師都精通飛行術。他們會在黑夜於田野間飛馳，到處散播瘟疫。最初巫師們的坐騎，是豬、騾、山羊、公雞等動物，他們坐上動物的背，由魔鬼施法使他們飛到目的地舉行巫魔會。有時魔鬼索性會起一陣狂風，把他們捲到約定地點。

　　之後，巫師們發現只要在身
體(如前額、手腕處或腋下處)
塗上油膏，或者塗在可當飛行工具
騎乘的木棍上，便可騰空起飛。

　　飛行油膏從中古時期就已有記載，例
如十五世紀的猶太作家亞伯拉罕表示某位
女巫提供他飛行的油膏，摩擦在手腳主動脈
處，結果產生飛行幻覺，據了解這是因為飛行油膏含
有迷幻藥成分。

　　這種可供飛行的油膏的製作方式，是必須將一位眾所
週知的虔誠天主教徒，且為紅髮男子，裸體綁在長椅上，
讓有毒動物將他叮咬致死。然後將他的屍體倒吊，並在頭
下方放一隻碗，接住自屍體掉落的蒸餾物。再將這些蒸餾
物和上吊者的脂肪、小孩的內臟和先前咬死死去紅髮男人
的有毒動物的屍體相混合，即可製成飛行油膏。不過這種
飛天油膏的製法是出自經過酷刑逼供後的「女巫」所言，
其可信度自然毫無依據。

　　上述提及將飛天油膏塗在工具上便可飛行，這也是很
多人一提到巫婆便聯想起騎著掃帚飛翔的影像。但是，掃
把和女巫究竟有什麼關係？據推測，有下列幾個原因。一

是因為很多飛天油膏含有能引發幻覺的成分，將它摩擦在掃帚上然後騎上它，會導致讓人產生飛行的錯覺。二是因為女性負責家務，日常清理房屋最不可或缺的工具便是掃把，幾乎女性都是人手一支掃帚，而大部分行巫術的也都是女性，因此掃帚便和女巫產生了密切的關連。而在幾世紀前，女性在出門前會將她的掃帚放在門外或擱在煙囪上，好讓鄰居和前來拜訪的客人一望便知屋主不在家，這個習慣使人們對掃帚產生是飛行工具的聯想，而認為女巫是可以騎著掃帚飛行的。還有另一項原因，是遠古時異教徒為豐收而舉行祈求土地肥沃

的儀式，其中便包括信徒跨騎掃帚或
乾稻草束，並配合做出舞蹈、跳躍的
動作。

　　僅管在文藝復興和中世紀
時期，歐洲人便認為女巫會騎
著掃帚到處飛翔；但到了十六世
紀末和十七世紀初，女巫和掃帚的
關連才引起人們高度注意。還有
一說是巫婆將玉米桿當作掃帚
騎乘，因為愛爾蘭傳說跨騎在
玉米桿上時，它會變成馬。

　　在各式描繪女巫騎掃帚乘風飛行的圖畫中，清一色的
騎法都是把柄向前並朝上、掃帚刷朝下，這種騎法據說可
以掃除女巫飛過天空的痕跡。其實在十七世紀後期，女巫
是倒騎掃帚的──刷毛朝前，把柄則在尾端，理由是因為
可以在刷毛上點上蠟燭，讓前途光明又燦爛。

　　這種飛天掃帚，也在魔法世界中最狂熱的活動──魁
地奇球賽中，佔有重要的地位。要參加球賽，首要條件便
是要懂得如何駕馭飛天掃帚。為了加強運動員飛翔時的速
度及靈活性，飛天掃帚的型號也不斷地演變，由最初的彗

星140，發展至光輪兩千、火閃電等。飛天掃帚一般都是由不同的掃帚製作人自己手工製作出來的。

在1820年時 Elliot Smethwyck發明了坐墊魔法，在掃帚上加入了一片隱形的坐墊，讓人坐在掃帚上舒服許多。

你不知道的事

　　因為時代演進而產生不同的掃帚騎法，所引起的紛爭從古時的巫師一直延伸到現代的麻瓜。

　　一位名為凱文‧卡里昂的巫師便對「哈利波特」電影中騎掃帚的方式大加撻伐，他指出根據十六、七世紀的木刻畫記載，應該是帚柄在後，刷毛在前，所有在電影或電視中的掃帚騎法完全是錯誤的。這位巫師還對這部電影下了咒語：如果不改成正確的方式，這部電影便不會有好結果。後來呢？想必各位忠實的哈利波特迷都知道這位巫師的咒語靈不靈了。

符咒學

在文明還沒有發達的時期，人們都相信自然萬物必定會守護著我們，因爲人類認爲自然萬物都是神明的化身。但他們同時也懼怕會有可怕的東西來襲，所以認爲只要能了解神明的情緒，就能獲得眷戀與恩賜，而咒語就是當時的人們，藉由自然中妖精力量的發揮，所想像出來讓自己幸福的法則。

咒語原本是古人曾親身體驗過一種不可思議的力量，然後經由整理、口述流傳，再演變至今的小秘方。

在霍格華茲學院的課程中，咒語可說是魔法的入門課程，也是魔法學生的必備武器。學會了咒語，在危急可以用來逃命，平常生活也可帶來很多的方便，當然，咒語也可以用來整人囉！

據說南韓的國中生最近便努力學起魔法來，竟然還念咒語詛咒老師。有一位漢城的老師說，在課堂上處罰吵鬧的學生時，聽到學生在嘀咕。當問他在說甚麼時，學生回答說：「在念哈利波特中的咒語，今晚老師舌頭會變硬，會變得甚麼話也說不出來。」

可見無論巫師、麻瓜還是像飛七一樣的爆竹，都一定希望能學習這種咒術！除了魔法學院裡的課程外，如果再加上速成咒術的輔助，相信可以讓各位男巫與女巫們的魔力更上層樓！

以下就簡介魔法王國裡常用的咒語與功能。

⊙溫珈癲啦唯啊薩 （Wingardium Leviosa）

用途：驅使東西飛起來的魔咒

出處：當符咒課孚立維教授某一次教導這個咒語時，馬
　　　上小試身手示範，使奈威的蟾蜍在教室中飛了一
　　　大圈。榮恩曾成功的使用此咒語，讓山怪手中的
　　　木棍飛起，順利打敗山怪解救妙麗。

注意事項：珈的發音為ㄐㄧㄚ，且需將此音節拖長。
　　　　　咒語裡的所有音節皆需正確且清楚唸出，
　　　　　再配合漂亮的手腕動作揮和彈 即可。

⊙樺頭——失準(Locomotor Mortis)

用途：鎖腿咒

出處：馬份為了練習鎖腿咒，曾在圖書館前對奈威施以
此咒，使得奈威必須像兔子似地跳了好久，才得
以回到葛來芬多塔。後來，妙麗與榮恩從馬份欺
負奈威的惡行中獲得靈感，也以此咒防止哈利在
魁地奇球賽中被石內卜下下黑咒語。

注意事項：被施以鎖腿咒的人兩條腿將會纏在一起卡
得死緊，必須再被施以解咒術才可以破
解。

⊙去去，武器走！(Expelliarmus)

用途：繳械咒

出處：教授黑魔法防禦術的老師洛哈向鄧不利多教授申
請成立決鬥社，第一次與石內卜示範決鬥時使用
的咒語。施咒時一道眩目的猩紅光芒會激射而
出。此外，路平教授也曾使用此咒從哈利及妙麗
手中奪下魔杖，拯救天狼星。

注意事項：在施咒時需先擺出公訂的決戰姿勢??面對決
鬥伙伴、鞠躬行禮，然後將魔杖高舉就定
位。破解此咒的咒語為「止止，魔咒消!」

⊙疾疾，護法現身！(Patronus Totalus)

用途：護法咒

出處：一種對抗催狂魔的防禦術。是一種遠超過普通巫
術等級，非常高深的魔法。當它被正確施展時，
可以召喚出一名護法，在人與催狂魔之間形成一
道保護的屏障。每一名巫師所召喚出的護法都是
獨一無二的。護法是一種正面的力量，是希望、
幸福與生存的渴望的投影，但它跟人類不一樣的
是，它不會感到絕望，所以催狂魔傷不了它。

注意事項：配合魔杖施展唸出咒語時，要全神貫注地
想著一個非常快樂的記憶才能發揮作用！

⊙叱叱，荒唐(Ridikulus)

用途：用來驅除幻形怪的符咒

出處：幻形怪可以隨心所欲地改變形貌，變成牠認為你
心裡最害怕的東西，而能把幻形怪解決掉的法寶
就是笑聲。「叱叱，荒唐」的符咒就是逼幻形怪
變成一種會讓你覺得好笑的形體，然後在你發笑
後牠就會應聲爆裂，粉碎成數千縷煙塵，完全消
失了。

注意事項：在施咒時必須要用心靈的力量，並集中精
神、發揮想像力，看要用什麼方法讓牠變
得很滑稽，就可以一舉解決幻形怪了。

⊙哩吐三卜啦(Rictusempra)

用途：呵癢咒

出處：呵癢咒會使魔杖發出銀色的光芒攻擊敵人，讓對
　　　方笑得無法動彈。哈利曾使用呵癢咒來對付馬
　　　份。

⊙空空，遺忘！(Obliviate)

用途：讓人失去記憶的咒語

出處：為了拯救金妮，哈利、榮恩與洛哈進入史萊哲林
　　　的密室中。洛哈因為畏懼密室中的蛇妖想要逃
　　　跑，而施展此一咒語，不料使用了榮恩的秀逗魔
　　　杖，反而讓自己被魔杖反彈擊中，失去了記憶。

⊙路摸思(Lumos)

用途：讓魔杖發光的咒語

出處：可以讓魔杖頂端發出亮光，照亮黑暗中的路，換
　　　句話說就是將魔杖變成麻瓜世界中的手電筒，是
　　　相當實用的魔法咒語。要讓光亮消失，則可說
　　　「吶剋斯」(Nox)。

⊙蛇蛇攻(Serpensortia)

用途：召喚蛇去攻擊人的咒語

出處：在決鬥社魔法比試中，馬份用以攻擊哈利的咒語。此咒語會使魔杖頂端爆出火花，蛇便從火花中竄出，攻擊對手。而哈利情急之下為了解咒，竟發現自己是會說蛇語的「爬說嘴」。

⊙止止，不透(Impervious)

用途：讓眼鏡防水防霧的咒語

出處：哈利在三年級的魁地奇比賽中遇見了前所未有的狂風暴雨，妙麗便用魔杖往哈利的眼鏡上輕敲，並唸此咒語，眼鏡就像瞬間噴了超強效防水霧噴劑，讓哈利的視線一下子就烏雲盡散，可以專心尋找金探子。

⊙整整　　石化(Petrificus Totalus)

用途：全身鎖咒。

出處：當哈利、妙麗與榮恩要前往活板門阻止佛地魔偷取魔法石時，遭到奈威的阻撓，妙麗於是對他施展此咒。被施咒的人手臂會啪搭一聲貼到身體兩邊，雙腿收攏立正站好，然後全身僵硬起來，無法站立地趴倒在地，只剩下眼珠能轉動，看起來就像是一塊木板。

⊙阿咯哈姆啦(Alohomora)

用途：使門彈開的咒語。

出處：對著門鎖低聲輕唸此咒，門鎖就會打開。妙麗等
　　　人就是因為施了這個咒語，才進入到三頭狗所看
　　　守的密室中；此外，也曾因此救出被關在孚立維
　　　教授辦公室裡的天狼星。

⊙塔朗泰拉跳(Tarantallegra)

用途：只要舉起魔杖指著對方的膝蓋，就會讓對方雙腿
　　　會不由自主亂彈亂跳，做出跳快舞的動作。

出處：在洛哈所成立的決鬥社的第一次聚會中，馬份對
　　　哈利所施的咒語。

注意事項：破解此咒的咒語為「止止，魔咒消!」

⊙阿八拉象(Aparecium)

用途：使隱形字現形的咒語。

出處：妙麗以為湯姆‧瑞斗的絕密日記
　　　是利用隱形墨水書寫的，為了
　　　讓日記現出字跡，她曾經試著
　　　用魔杖輕敲日記三下，並施展
　　　此咒語。

⊙速速前(Accio)

用途：召喚咒，可以使東西從各個地方飛出來。

出處：這是麻瓜世界裡許多人都想擁有的懶人咒語，使用此一咒語，不管是躲在哪裡的東西，都能立刻飛到手邊來。例如石內卜拿取劫盜地圖、衛斯理太太從喬治與弗雷的身上找出的吹舌太妃糖等，都是利用此咒語。此外，哈利波特在三巫鬥法大賽中，第一項任務中召喚火閃電等，也是施用此咒。與召喚咒相反的符咒是「驅逐咒」。

⊙呼呼，前咒現！(Prior Incantato)

用途：使魔杖倒帶呈現先前所施展過的符咒的咒語。

出處：哈利波特與佛地魔的魔杖，都各自擁有來自同一隻鳳凰——佛客使的尾羽，所以當佛地魔用魔杖對付哈利時，符咒倒轉效應於是產生，如同施展咒語「呼呼，前咒現！」

注意事項：施展此咒語之後，魔杖會開始以倒轉的順序，回溯呈現它先前所施展的符咒。如果遇上兩根魔杖擁有相同的魔法物質，而魔杖的主人強迫魔杖對戰的話，那就會產生一種非常罕見的效應——符咒倒轉效應，此時出現一道連結魔杖之間的深金色光束，將曾經使用過的符咒都一一倒帶呈現。

你知道嗎？

　　在現代魔法中，最常被念的咒語，是這句「阿不拉卡達普拉」(a-bra-ca-da-bra)。這是在西元二世紀，出自於由羅馬帝國醫師所撰寫的書籍中。書上記載：「在護身的避邪物上刻下這個句子，並於九天之內纏繞住脖子，然後面向東方、背對著河水，將此避邪物投入水中，便可治癒高燒。」此外，一般相信只要念這個咒語，就可以獲得超越惡魔的力量。

　　另外也有一種說法，認為此咒語是源自希伯來語的「阿普雷庫‧惡得‧阿不拉」，意即讓死亡籠罩於雷電之意。

黑魔法防禦術

　　魔法是借助超自然的神秘力量，對某些人或事物給予控制的力量或產生影響。而魔法則可分爲黑魔法和白魔法，兩者都是源於歐洲大陸，約於基督教傳入羅馬帝國後五百年。此時基督教被羅馬皇帝立爲國教，而宗教裡「惡魔」的概念也逐漸成形。倚靠神的力量來祈禱、治病，作爲安定人心的力量，可說是「白魔法」的起源。

　　但隨著教會力量的日漸強大，一些具有祈禱治病能力卻不願被教會所控制的人，常被誣指爲異端，受到排擠。擁有特殊能力卻被迫離鄉背井的「宗教治療師」，即是爲現代人稱「魔法師」的前身。

　　之後，融合神話、傳說、基督教義及各種動、植物醫藥學，所創出的咒語與儀式，直到中世紀時已集大成。對人有正面影響或倚靠神的力量的，稱爲白魔法；對人有負面影響或倚靠惡魔力量的，就稱黑魔法。

　　黑魔法之所以得名，是因爲它的主魔法來源是黑暗

的，而且大都是向惡魔借的力量，所以稱為黑魔法。因為
黑暗的力量比較邪惡，所以通常都被用為詛咒、下蠱之類
的魔法。其作法有兩種，一種是與惡魔締結契約，只在某

一時期借用其力量，但必須以自己的靈魂作交換。另一種是藉由儀式召喚出惡魔或邪惡的精靈，命令這些惡魔或精靈作某些事情。

在霍格華茲學院裡，黑魔法防禦術是教師替換頻率最高的一項科目。從奎若、洛哈、路平到瘋眼穆敵，沒有一位老師可以擔任黑魔法的課程超過一年。黑魔法的法力無邊，連魔法學院裡都沒有幾位老師招架得住。其中，路平教授可說是教導黑魔法防禦術最賣力的一位老師了，光是在擒拿黑魔獸方面，便教授了幻形怪、紅軟帽、哼即砰、滾帶落等。

有一種可以用來偵測黑魔法的機器，哈利就有這樣一個叫做測奸器的迷你機器，這是榮恩送給他的禮物，它的外觀像是迷你玻璃陀螺。而曾是正氣師的穆敵也有一些黑魔法偵測器，這些器具有的類似彎曲的金色電視天線；還有一種名為「仇敵鏡」，其中卻沒有現實影像倒影的鏡子。這些秘密的感應器，每當它偵測到謊言或被隱藏的事情時，便會開始震動。但無論是哪一種，似乎都起不了太大作用。因為像是袖珍型的測奸器就因是個便宜貨而莫名其妙響個不停；穆敵的偵測器因為在學校裡的干擾實在太多，像是到處都有學生因為沒做功課而撒謊等等，所以他的機器老是嗡嗡地響個不停。

　　根據魔法部的規定，在霍格華茲的學生只能學習解咒術；在六年級前，也不能親眼見識非法的黑魔咒。所以直到四年級開始，學生們才開始逐漸進入較困難的黑魔法，例如由瘋眼穆敵所教的「不赦咒」，便是非法的黑魔咒，只要使用對麻瓜使用其中之一的咒語，就足以被關進阿茲卡班終生監禁。

不赦咒分為下列三種：

★「噩噩令」：蠻橫咒

被施咒的巫師會做出許多稀奇古怪的行徑，行動被控制不由自主。但蠻橫咒還是有破解的方式，只要集中注意力及毅力對抗腦袋中的聲音，就可能成功。

★「咒咒虐」：酷刑咒

極可怕的肉體折磨，被酷刑咒擊中會激烈的抽搐、痙攣，痛不欲生。

★ 「啊哇呾喀呾啦」：索命咒

這是不赦咒中最可怕的一種咒語，需要強大法力才能施展。魔杖會射出炫目的綠光，被擊中就會立即斃命，完全沒有任何解咒術可以破解。只有哈利波特曾在這個咒語下死裡逃生。

至於在麻瓜世界裡，則有下列幾項令人聞之色變的黑魔法。

★ 黑暗詛咒

以深沉的黑暗力量向對手進行詛咒，被詛咒的人運氣會變得很差，甚至某些神秘力量將無法加持在被詛咒的人身上。

★ 邪惡魔力

利用黑暗力量的結合，加強身體瞬間的爆發力，讓施法者在一定時間內具有強大的力量。

★ 黑暗幻影

呼喚隱藏在影子中的邪靈放出黑霧，讓被施法者的防禦力和閃躲能力得以提升。不過由於黑暗幻影的黑霧有近乎實體化的效果，所以可能會與白魔法產生相互排斥的情形。

★ 冰的侵蝕

利用黑暗的力量呼喚冰的死靈，以它能凍結一切的手指攻擊敵人，被冰的死靈所碰到的人將立刻無法動彈，而且由於熱量消耗得快，被冰凍者的力量也將快速流失。施法者雖然可以在這個過程中吸得部分的法力，但是由於冰的能量傳導效果差，所以能量也不多。

★ 邪惡之刃

將邪惡的力量加持在武器上，以戾氣使武器更加鋒利，更具殺氣。

★ 惡魔咒

這是妖魔特有的黑魔法，可以呼喚手下的惡魔作短時間的護衛，這類惡魔的戰鬥力極強，而且可以隨著主人的強度增加而更強。但是因為害怕黑暗以及其叛逆性，使它們往往不願在人前出現，就算是出現也不願意待太久。

★ 黑暗領域

終極黑魔法之一，利用自己最強大的黑暗力量在周圍建立專屬的黑暗領域，施法者在自己的領域中可以發揮最強大的潛能，而誤闖這個領域中的生物，只能任其宰割。

★ 死靈術

又稱為還魂術。死靈術分為兩個派別，一派是可召喚

和支配鬼魂的死靈派，另一派是利用死屍回魂的死屍派。因為大家認為死後的人是可以無所不知的，所以死靈術剛開始時大多用於探知寶藏所在位置上，但通常不會選擇太老的屍體，因為太爛的屍體是不能清楚回答問題的。後來，在古埃及與希臘一帶，死靈師開始利用死靈和屍體攻擊他人。在十六、十七世紀的獵巫行動中，死靈師當然也是被捕的對象，但他們一直強調屍體與惡魔的不同。在經過幾世紀的抗爭，死靈師在現代演化成為通靈師。

面對種種令人髮指的巫術與黑魔法，麻瓜們也想出不少趨凶避吉的方式。

★ 護身符（避邪物）

這是一種消極巫術，利用特定的物件來防止邪鬼來犯。通常護身符會裝飾在建築物、交通工具等之上，也有佩戴在身上的。像是在門牆印上許多石灰手印紋，據說這是一種打鬼的姿勢，鬼會見之生畏。在門楣上掛刀、劍、鋸、羊角等也可避邪。也有人在門前掛魚網，他們認為魚網則是捉鬼的工具，鬼見了便會敬而遠之。此外，圖騰也是一種避邪物，例如古人多半會在門上畫一隻老虎或門神、鎮宅寶劍等。

驅魔

　　這是對魔鬼施行的一種攻擊性巫術，在生產、蓋房子、治病、喪葬中都經常使用。在中國，驅魔巫術後來許多被道教繼承下來，符、劍、印、鏡是道士的主要驅魔工具；西方則多半使用十字架、由鹽所製作的聖水、聖經等，而大蒜則是用來對付吸血鬼。像黑魔法防禦術老師奎若頭上包裹著頭巾，衛斯理家的雙胞胎兄弟便堅稱那裡面一定塞滿大蒜，以驅逐他在羅馬尼亞遇到的一個吸血鬼。

　　驅魔巫術也適用於慘死者，在為死者送葬時必須舉行複雜的儀式：首先走彎彎曲曲的路，使死者的靈魂迷途難返，下葬時還要以木樁釘屍，或以巨石壓屍，目的是讓死者的靈魂永遠不能返回家園，以免擾亂家人。

你知道嗎？

　　黑魔法可不是什麼好巫術，在這裡我們並不鼓勵施行黑魔法。不過幾種可以帶來好運的白魔法倒是可以試試看，不論是不是迷信，心誠則靈嘛！

⊙會發生好事的魔法
用左手將門把左轉三次後再離開家，將會有好事發生。但如果天天使用這個魔法，法力將越來越弱，所以盡量在特殊的日子使用。

⊙能中獎的魔咒
所有參加抽獎用的明信片全部都用紫色的筆寫，而且要是自己常用的筆，這樣就會大大提高中獎的機率。但是若一心一直想著中獎，期望過高的話，相對地也會減低魔咒的效力。

⊙召喚幸運精靈的方法
用一個藍色的瓶子插上白色的花，瓶子和花的種類不限，只要放在最常待的地方即可。

⊙逆魔法成名法
對水晶球施展魔法能反射至自己身上，是所謂的逆魔法。利用透明的水晶球吸取拂曉的第一道陽光，並把它放在屋內，到了中午便能把自己成功的影像記錄於水晶球內。

魔藥學

雖然哈利因為負責魔藥學的石內卜教授老愛找他麻煩，因而很討厭這堂課，但事實上這是相當有用的一門科目。

例如，如果你不知道將水仙和苦艾加在一起可以調配出一種藥效極強的安眠藥，俗稱一引活死水，那麼你在失眠時就只能苦苦地數著綿羊了。還有，從山羊胃裡取出來的石頭稱為毛糞石，則是非常有效的解毒劑。此外，如果你不小心被膨脹藥水濺到的話，可是要喝放氣水才能回復原狀哦！

除了上述的魔藥之外，魔藥種類還有許多種，下列便是石內卜教授曾經教授或提到過的幾種魔藥。

還童水

顧名思義即能讓人或動物回到小時候的樣子，只需要幾滴就可以生效，例如青蛙可以變回蝌蚪的模樣。調配出來的魔藥是鮮豔的綠色，需要的材料包括雛菊根、無花果皮、毛毛蟲、一小滴水蛭汁、老鼠脾臟。

至於在中國，則有一種知名的中藥材叫做何首烏。它並非魔藥，但卻具有預防身體老化的功能。據說古代有一位名叫何田兒的人，每日服用何首烏的根，結果頭髮變得烏黑，回復青春，活到一百六十歲。何首烏就是根據這個故事而命名的。（「何」是何田兒的姓，「首」就是頭，「烏」就是烏黑之意。）

★ 治療疔瘡的藥水

將乾蕁麻、磨碎的毒蛇牙以及角蛞蝓丟進大釜裡一起燉煮，在熄火後再加入豪豬刺。注意！如果大釜仍在生火

熬煮時即加入豪豬刺，藥汁會熔解大釜，冒出酸味的綠色
濃煙，並響起尖銳的嘶嘶聲。潑濺而出的藥汁具有腐蝕
性，碰到身體會冒出密密麻麻的紅腫疔瘡。

　　而咱們的老祖宗，要對付這種俗稱「櫛」的疔瘡，可
是不需要什麼魔藥的。像是將柿子皮貼於疔瘡上，或是將
香葉樹的鮮葉適量搗爛敷患部，都具有治療的效果。又例
如根據台灣人的說法，據說蟾酥可治疔瘡、惡腫，而取蟾
酥的方法是以針刺蟾蜍的兩眉之間，使蟾蜍分泌白色的乳
狀毒液，再以竹片刮下保存即可。

變身水

　　這種魔藥可讓人變成另外一個人。需要的材料包括草蜻稜、水蛭、斑點老鸛草、節草、雙角獸的角粉(雙腳獸是一種形似公牛的動物，對太太非常忠心，而牠唯一的食物便是處男)、非洲樹蛇的蛇蛻，以及想變成的人身上的一點東西。至於藥水喝起來的味道像是煮太久的包心菜，喝下後肚子會一陣劇痛，一股燒灼感字胃部蔓延到全身，體內有股恐怖的融化感，最後就變成了那個人的模樣。

你知道嗎？

　　除了上述的魔藥之外，如果你想抵擋巫師或女巫對你的攻擊，可以試試下面這種驅魔避邪物品，稱為女巫之瓶。

　　作法是將欲攻擊你的巫師(女巫)的尿液、頭髮以及爪子的一部份裝入瓶子中，再加上鐵爪、別針、刺等一起攪拌，然後將塞上瓶塞，在深夜時煮沸，此時應關閉所有的門窗，並且不可開口說話。接著，那位巫師便會感覺疼痛，前來請求你讓他進屋。這時，如果瓶子破了，女巫就會死亡；如果軟木塞彈開飛出的話，則女巫便無法逃脫。使用完畢的瓶子，要埋藏在地下，永遠不可見天日。

藥草學

藥草在魔法的使用上佔有非常重要的一環，不論是用來燃燒，加入魔法油，或是曬乾後磨碎製成魔法香，甚至在魔法實務上的應用，都可以見到藥草的蹤跡。選擇適合的藥草，可以增加魔法的力量，對於學習魔法的人而言，是必修的一門課程。

雖然在藥草學裡學習的植物並不像魔藥學裡所學習的植物那般可怕或具有危險性，但這些屬於魔法國度內的生物，畢竟還是不同於麻瓜世界中的植物。像是哈利、妙麗和榮恩在穿越活板門時所碰到的魔鬼網，就不是普通的植物，它有長長的藤蔓，被纏繞住的生物越掙扎，植物就會捆得越緊，它的弱點是畏懼光明和溫暖，因此利用火焰或光線可以令藤蔓自動拆解。而另

一種泡泡莖，也是令人不敢恭維的魔藥植物，黃綠色的濃稠汁液，聞起來還有強烈的汽油味，要是被未稀釋的泡泡莖濃汁沾到，皮膚就會出現古怪的反應，不過這種濃汁卻對特別難纏的青春痘具有絕佳的療效。

至於麻瓜們常用的一些魔藥植物，就可愛多了。以下就是一些常見的魔藥植物。

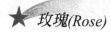 ## 玫瑰(Rose)

玫瑰是愛情的象徵，配戴玫瑰可找到真愛。夢見玫瑰代表好運，也象徵愛情成功，但白玫瑰例外。利用亞馬遜產的玫瑰提煉精油可促使傷口癒合。

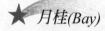 ## 月桂(Bay)

傳說中生長在房屋附近的月桂可以保護住家避開傳染病和暴風雨。而焚燒或咀嚼月桂葉會令人產生幻覺，配戴月桂則可避開壞事及不幸，把月桂葉放在枕頭下可以由夢境中預知未來。

★ 毛地黃(Digitalis)

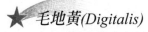

傳說壞妖精將毛地黃的花朵送給狐狸，讓狐狸把花套在腳上，以降低牠在毛地黃間覓食所發出的腳步聲，因此毛地黃有另一個名字——狐狸手套（Foxglove）。此外，毛地黃還有其他如巫婆手套、仙女手套、死人之鐘等別名。而在現代，有毒的毛地黃還被醫學界拿來製成治療心臟疾病的良藥呢！

★ 向日葵(Sunflower)

向日葵可為開花季節時的花園帶來太陽的祝福，讓植物快速生長。向日葵籽代表希望及多產；種下種子可以用來許願，結婚的女人們想懷孕可在滿月下食用種子。

★ 百里香(Thyme)

吸入百里香燃燒時所產生的氣味可恢復精力，將百里香配戴在身上可保護參加葬禮時免於悲痛或厄運。百里香也可以激發配戴者的勇氣。睡時將百里香放在眼皮上便能見到仙境。

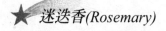 迷迭香(*Rosemary*)

曾被認爲可預防瘟疫的迷迭香，配戴後可幫助記憶和學習。在考試和面試之前喝迷迭香茶可使心智敏銳、反應快。將迷迭香放在枕頭下可防止做惡夢，聞迷迭香則可令人感到愉快、年輕、精神好。在門前種植迷迭香可以帶來好運。

在中世紀時，迷迭香因爲代表愛、忠貞與快樂記憶，而成爲婚禮的配飾，當時的新娘經常頭戴迷迭香花冠，有時候花冠還會鍍金。

★ 槲寄生(*Mistletoe*)

被人們視爲避邪物的槲寄生，可以用來助孕、避雷；掛在房內能抵擋惡運、火災和巫術；掛在門口則可以阻止巫婆登堂入室。槲寄生曾被視爲萬靈藥，除了可增進生殖力和治療羊癲瘋外，非洲瓦洛斯人在打仗前也會配戴以避免受傷；奧地利人將槲寄生放在門檻上以防止作惡夢；英國威爾斯人將它放在枕頭下以作夢占卜；瑞典人則用槲寄生作成尋找黃金礦脈的探測棒。在提洛爾一帶(奧地利和義大利相鄰處)，流傳槲寄生能使人隱形的說法。

★ 馬鞭草(Vervain)

馬鞭草是巫婆大量運用的植物。對義大利女巫而言，馬鞭草是月神黛安娜的聖草，它是油膏、釀汁和愛情媚藥的必需材料。

馬鞭草不但和巫術有關，與基督教也有所關連。早期基督徒稱馬鞭草為「十字架草藥」，因為他們相信馬鞭草曾被用來為釘在十字架上的耶穌止血，也因此，馬鞭草在中世紀是運用廣泛的避邪物，古人亦相信馬鞭草可以用來隱形。

此外，將馬鞭草掛在床上可以趕走惡夢。想讓一個人愛上你，只要取馬鞭草汁液塗在手上和對方握手即可。

★ 曼陀羅(Mandrake)

根據中國的說法，法華經上記載，在佛說法時，曼陀羅花自天而降，花落如雨；道家北斗則有曼陀羅星使者，因為使者手執此花，因此將此花名為曼陀羅花。

在西方的傳說中，曼陀羅則一直被賦予恐怖的色彩。因爲曼陀羅盤根錯節的根部類似人形，中世紀時西方人對模樣奇特的曼陀羅多加揣想，當時傳說當曼陀羅被連根挖起時，會驚聲尖叫，而聽到尖叫聲的人非死即瘋。(這跟魔法世界中的魔蘋果似乎頗爲相似，只是尚未成熟的魔蘋果尖叫聲並不會令人致命，只會讓人連續昏迷好幾個小時。)

曼陀羅的根部有麻醉和迷幻劑效果。此外它也是保護家庭利器，也能爲配戴的人帶來勇氣。此外，想生子的女性或性無能的男性，據說在滿月期間帶著曼陀羅根同床共眠三夜則可以增加個人法力，心想事成。

★ 接骨木(Elder)

接骨木被視爲靈魂的棲息地，因此會產生和女巫、惡運相關的負面聯想。中世紀時，焚燒接骨木或將它帶進屋內都是不吉利的。不過經過適當處理的接骨木可產生保護的功能，像是蘇格蘭人習慣在五月一日前收集接骨木葉，並把它掛在門上以遠離厄運與壞事。接骨木的樹枝可製成魔杖和拐杖，站在接骨木下則能避雷。

★ 蓍草 *(Yarrow)*

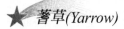

蓍草被認為是惡魔最愛的植物之一，因此
又稱為惡魔蕁麻。它是運用於愛情及婚姻的魔
咒，切開蓍草莖，裡面會出現你未來伴侶姓氏
的第一個字母。在占卜前喝蓍草茶則可以提高預知能力。

★ 紫羅蘭 *(Violet)*

紫羅蘭在西方是屬於葬禮的花卉，以前人們將它丟進
墳墓內表示懷念死者，送葬者也會配戴它以吸進墓園內的
「毒氣」。因而流傳至今，配帶紫羅蘭花會招來好運，並吸
走邪咒和厄運，而它的氣味則可鎮定神經。戴上紫羅蘭的
花環項圈可以預防酒醉，副作用是會引來跳蚤。在秋天時
紫羅蘭綻放代表預言死亡。將紫羅蘭混合薰衣草便是強烈
的愛情符咒。夢見紫羅蘭表示生活將更上層樓。

★ 薰衣草 *(Lavender)*

薰衣草最著名的功效，就是能減輕焦慮、疼痛和口
臭，並有鎮定神經的功效。在夏天將薰衣草丟進火裡，可

以帶來靈感和美夢；如果要去除霉運可以用薰衣草精油洗個冷水澡。配戴薰衣草並吸入它的香氣可見到鬼魂。在屋內種植薰衣草可以召來小精靈，在庭園種植薰衣草則可以來帶好運。

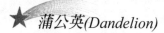 ★ 蒲公英(Dandelion)

傳說如果全身塗滿蒲公英，無論到何處都將受人歡迎，而且會實現所有的願望。朝蒲公英的絨球大力吹氣，如果絨毛全被吹走，將會獲得意中人熱烈的感情回應。

 ★ 橡樹(Oak)

據說女巫經常在橡樹林中舉行集會或儀式，或是用來當作午夜跳舞的地點。

許多國家皆將橡樹視為聖樹，砍伐橡樹則不吉利。生長在橡樹上的櫸寄生具有強大的法力。橡樹可作各種用途的棍棒。配戴橡樹果實有助多產、長生不老、免於疾病，掛在窗戶上則可保護房屋。

此外，你也可以依據自己的星座，選擇適合種植的魔法植物。

1. 牡羊座：適合種植香柏木和松樹。香柏木
　　　　　代表牡羊座有衝勁、勇往直前、
　　　　　冒險犯難的精神，松樹則具有保護之意。

2. 金牛座：腳踏實地而平實的金牛座，適合種植玫瑰和
　　　　　天竺葵。玫瑰代表愛情，天竺葵代
　　　　　表忠誠。

3. 雙子座：適合種植薰衣草和茅香草。薰衣草代表
　　　　　和諧，能平衡雙子兩面擺盪的心；檸檬
　　　　　草代表魔法，符合詭譎大膽的雙子勇於
　　　　　嘗試的個性。

4. 巨蟹座：節儉、愛家的巨蟹座，適合種植茉
　　　　　莉和檀香。茉莉代表好夢連床，檀
　　　　　香代表性慾。

5. 獅子座：萬獸之王的獅子，喜歡機智風趣、堅持主見
　　　　　的人，魔法植物中以代表快樂的橙花
　　　　　油，以及具保護性精油功用的杜松最
　　　　　適合獅子座種植。

6. 處女座：廣藿香代表物質上的成功，百合代表
　　　　　自恃，這兩種魔法植物符合處女座小

魔法史・魔法課・奇獸飼養學

心謹慎、冷靜、踏實的個性。

7.天秤座： 對美的事物具有獨特感應力的天秤座，講究
優雅的風采與自信，適合種植代表洞悉力的
茉沃那，和代表直覺的木蘭。

8.天蠍座： 愛恨分明、佔有慾強，是天蠍座的特色，這
個星座的魔法植物是香蜂葉和
沒藥。香蜂葉代表治療，沒藥
代表自我探索。

9.射手座： 獨立、自由、凡事講道理的射手座，適合種
植代表加強記憶的迷迭香，以及加強精神力
量的乳香，但須注意，乳香有刺激性，需稀
釋後才能使用。

10.魔羯座： 　魔羯座具有責任感與不肯放棄的精神，
適合種植代表放下過去的香柏木，以及代表
金錢的維提味香草。

11.水瓶座： 　想法奇特、富有創意的水
瓶座，適合種植香馬鞭草和胡
荽。香馬鞭草代表浪漫，胡荽代表和解。

12.雙魚座： 　水向星座的雙魚座，天生浪漫、喜歡溫
柔多情的人。代表幻魅術的馬
鞭草與象徵愛情的玫瑰最適合
雙魚座。

你知道嗎？

　　以下是幾件關於上述魔法植物的軼聞。

　　1.古希臘時代人們將紫羅蘭放滿墓穴，數量多得幾乎淹沒屍體。拿破崙的妻子約瑟芬死後，也用了許多紫羅蘭陪葬。

　　2.羅馬人視月桂為智慧、護衛與和平的象徵，而月桂的拉丁文字源Laudis為「讚美」之意。在奧林匹克競賽中獲勝的人，都會受贈一頂由月桂編成的頭環，這也就是「桂冠詩人」一詞的由來。

　　3.迷迭香又稱為「聖瑪麗亞的玫瑰」，據說這是因為耶穌賜予迷迭香如晨間森林般清新的味道，具有神的力量，所以被遍植於教堂四周。古代匈牙利女王曾用迷迭香泡澡，而羅馬人則認為它是「神聖的草」。

貓頭鷹

奇幻特性：魔法世界的郵差

在魔法世界裡，貓頭鷹扮演郵差的角色。但在古羅馬時代，貓頭鷹則被稱爲「斯多力克斯」，亦即巫婆。或許是因爲牠晝伏夜出的生活習性，與一般人認爲女巫在晚上乘坐飛天掃帚，或化身會飛翔的動物前往巫魔會這樣的印象有關。

在埃及、羅馬和阿茲特克等地，貓頭鷹的叫聲則被認爲是一種不祥的預兆，甚至代表死亡。

很多人都以貓頭鷹代表聰明的動物，而牠的確是十分聰明。牠有敏銳的視力，靈敏的聽覺，以及構造特殊的翅膀，這些特徵足以令牠們成爲屬害的捕食者。牠的視力具有立體感，而且擁有極大量的視感細胞，使牠在夜間

可以看清楚，牠的夜間視力大約等於人的十倍。但牠是大近視眼，所以不能看到較遠的獵物；而且由於眼球太大，缺乏眼肌，要轉動眼球十分困難，因此牠通常需要將整個頭部向四周轉動，幸好牠的頸椎關節結構奇特，所以頭部可以作二百七十度的旋轉。

此外，貓頭鷹的耳朵設計非常特別，可說是鳥類中最出色的。因為牠的外耳有羽毛狀的構造，可以擴音及引導聲波到耳膜裡。至於特殊結構的翅膀，可以使牠在飛行時，只會發生非常小的聲音。有時當牠降落到獵物身旁，獵物仍渾然不知。

你知道嗎？

　　日本玩具商SUNLIKE在日前宣布，今年七月會上市一款新產品：一隻可以幫人把電子郵件大聲念出來的白色貓頭鷹。這隻貓頭鷹裝扮成郵差的模樣，站在紅色郵筒旁。其實這只是一個小玩具，裡面裝了電子郵件的收信警示器，再加上NTT東日本公司提供的讀信軟體。這兩者結合在一起，就成了魔法流行風潮下的數位玩具。

　　這隻貓頭鷹必須連接在個人電腦上，貓頭鷹的主人可以設定讓牠念出最多達二十多位發信人的內容。據說牠連「^_^」這樣的表情文字都能念得出來哦！

龍

奇幻特性：魔力強大的守護者

身爲「龍的傳人」的中國人，是最有資格講龍的了。而這個說法的由來，是從數千年前便流傳至今的。

據說遠古時期，鯀奉命自天界下凡治水，而他對於大規模的洪水只能想出圍堵的辦法，但眼看著這些洪水不斷的突破他的堤防和水壩，於是他決定盜取天庭的寶物——「息壤」，這是一種會不斷生長的土壤，使得圍堵的方式不會再失效。於是凡間的人們開始脫離洪水的災難，遠離貧瘠的山丘和洞穴，重新在富饒的土地上生活。然而天界的主人堯對於「息壤」被盜感到十分震怒，於是收回「息壤」，讓洪水重新肆虐人間，原先安居樂業的景象又變回一片汪洋。鯀不但無法拯救這些凡人，自己也被堯用雷電殛斃。過了三年，鯀的屍體仍未腐壞，當堯派出勇士用鋒利的刀將鯀的屍身剖開後，沒想到鯀的怨氣鬱積在腹中，變成了一隻黃龍，這隻黃龍也就是鯀的兒子禹。禹用疏導

的方式化解洪水。而在這段治水的過程中，他一方面運用龍乃水神的力量解決許多問題，另一方面也收服了許多隻興風作浪的孽龍，轉而幫助他治水。由禹建立的夏朝，便是中國史上的第一個王朝，也是一個以龍爲圖騰的氏族，這也便是龍的傳人的由來。

至於西方的龍，則常常是英雄必須對抗的動物。也因爲龍威猛神怪的形象，牠也會看守伊甸園與金蘋果，或是任意吞吃無辜的人類。像是在巫師銀行古靈閣前，便有龍負責看守。

在魔法世界中，龍是一種非常強壯，並且具有強大魔法力量的生物。使用昏擊咒是無法讓牠昏迷過去的，起碼要半打以上的巫師，才能夠制伏牠。但對海格而言，龍卻是他從小就想要養的動物。雖然在一七〇九年的魔法師會議中，正式通過禁止養龍的法案，但海格還是無法禁不住誘惑，養過一隻叫做蘿蔔的挪威脊背龍。

在霍格華茲的圖書館中，有許多本關於龍的書籍，例如《大不列顛與愛爾蘭的各式龍種》、《從孵育到噴火——養龍手冊》、《養龍的快樂與利潤》、《爲龍癡迷的人》

等。根據這些書的內容，我
們知道屠龍是非常困難的工
作，因為龍身上的厚皮具有
古老的魔法力量，唯有最強
的符咒才能穿透，但是並沒
有記載是什麼符咒，或是該
用什麼方法將龍制伏。所以
哈利在三巫鬥法大賽中的第
一項任務中十分苦惱，因為
他雖然事先得知任務的內容是要對付龍，但卻不知該用什
麼方法。後來天狼星透露，其實對付龍可以用結膜咒，因
為龍身上最脆弱的地方就是眼睛。

魔法世界中的龍共有十種。例如匈牙利角尾龍可說是
其中最危險的一種，也是哈利在三巫鬥法大賽中所對付的
龍種；羅馬尼亞長角龍的家鄉已經成為世界上最重要的龍
群保護區，許多國家的巫師都在該地針對不同的龍做近距
離的觀察，像是榮恩的哥哥查理，便是在羅馬尼亞研究
龍。

你知道嗎？

　　龍在中國的十二生肖中，算是頗具份量的一種。屬龍的人，天生俱有領袖的 天份，容易得到別人的認同，辦事 果斷，不會拖泥帶水。很多屬龍的人都是出眾的領袖人才。屬龍者的缺點是不容易聽取別人的意見，會 給人獨裁、剛愎自用的感覺，但他 不會計較一時的得失，凡是看得開。肖龍者有豪爽的個性，這使他可以朋友滿天下，但是益友或損友則要靠自己分辨。

三頭狗

奇幻特性：魔法石的看守者

　　三頭狗毛毛與巨犬牙牙，都是愛養些奇怪異獸的海格的寵物。牠們都屬黑色獵豬犬，但毛毛比牙牙更巨大。毛毛是海格向一個希臘人買來的，牠的身體像山一般巨大，擁有三個頭，三對骨碌碌轉的眼睛，三個不斷抽搐抖動的鼻子，三個淌著口水的血盆大口，泛黃的牙齒上還掛著一行行滑滑的黏液。要同時避開牠的任何一個眼睛的注意實在是太難了，所以海格將毛毛借給鄧不利多守護魔法石，可說是最佳「人」選。

　　但是毛毛也不是全然沒有弱點的，牠的弱點就是音樂，只要對牠奏上一段音樂他就會睡著了。所以黑魔法防禦術的老師奎若就是用豎琴對付他，而哈利他們則是利用木笛，讓三頭狗昏昏睡去。

在希臘神話中，則有一隻著名的冥
府看門狗克爾拍洛斯，牠長有三個頭，
每個頭都有蛇為鬃鬚，此外還擁有龍尾巴且長有倒刺。牠
負責不讓亡靈逃出冥國，也不讓活人進入。死者通常拿食
物餵牠才得通過，不然就會被牠吞食。

其實三頭怪的傳說，在中世紀亦有流傳。據說女巫們
敬拜的女神黛安娜，也有三個頭，分別代表掌管地獄、人
間及天空的權力，與黑夜及魔法也有密切的關連。

你知道嗎？

除了三頭狗之外，在希臘神話中也有一位三人一體的女
妖，叫做Graeae，彼此共用一隻眼睛和一個嘴吧。她長年居
住於不見天日的山洞中，據說具有預知未來的超能力。

獨角獸

奇幻特性：低調而聰明的隱士

　　根據傳說，獨角獸的力氣非常大且兇猛，牠們只會被美麗的女人馴養，具有自己的語言，並隱藏著高深的智慧。唯有內心純淨善良的人才可以看得到獨角獸。

　　在西方神話中，獨角獸在西元前三九八年由希臘歷史學家賽提塞斯首先提到。而在中國的神話裡，也有一隻頭如獅子身如黃牛的獨角獸，

稱為「年獸」。牠原本被天神鎖於深山，但天神答應每年的年末三十號給牠一天的自由，但當牠當天在民間四處搗亂，走到一戶門前掛著大紅布的人家時，立即拔腿狂奔，人們發現年獸原來害怕熊熊火光及放鞭炮的巨響，於是便有了過年貼紅紙、掛大燈及燒炮仗等習俗。而在大年初一時拜年，也代表著躲避過年獸或是惡運而互相祝賀一番。

從海格所教授的奇獸飼養學中，我們可以知道，獨角獸分佈在北歐的森林地帶。小獨角獸和成年獨角獸很不一樣，也醒目得多，渾身都是閃亮的純金色。大約兩歲的時候，身上的毛會變成金色，到了四歲才會長出角來。直到七歲才算是成年，身上的毛會變成純白色。獨角獸通常只

喜歡女性，也只願被女性碰觸，巫師則不太容易。但年幼的獨角獸比較容易相信別人，也沒那麼討厭男生。此外，牠的腳程極快，非常不好抓。

　　獨角獸的角、血、毛都具有極強的魔力，像是在配魔藥的時候，就會用到牠們的角和尾巴；奧利凡德店內的魔杖時，在製作時必須使用獨角獸毛、鳳凰尾羽及龍的心弦。而喝下獨角獸的血便可以延續生命，因此佛地魔在禁忌森林中殺害了不少獨角獸，以藉此維生。

你知道嗎？

　　美國作家兼漫畫家塞伯(1894-1918)曾寫過一篇名為《獨角獸》的短篇小說。大意是說：某天早晨，一位男主人在他家的花園裡發現了一隻獨角獸。於是他立刻告訴他那肥胖、易怒、尚在熟睡的妻子。他太太十分不悅地說：「獨角獸，那是神話裡才有的動物。」說完，又繼續睡她的大頭覺。

先生再度返回花園，發現獨角獸在啃食花園的花，其中百合花是他親手餵給獨角獸吃的。這次，他相當篤定眼見的事實，於是他又回去告訴妻子。第二次被吵醒後，妻子歇斯底里地暴跳起來，手指著先生威脅地說：「你這個瘋子，我要把你送進瘋人院！」 先生只好再回到花園。可是獨角獸早已消失無蹤了。

這時，妻子聯絡了警察和醫生，請他們來抓瘋子。當他們趕到時，妻子立刻說：「我先生早上看到一隻獨角獸......」警察和醫生聽到這話互看了一眼，「......他告訴我獨角獸吃了一朵百合花......」他們更覺得詫異了。妻子還站到椅子上激動地說：「他還告訴我，獨角獸的額頭中央有一隻金色的角。」她邊說邊指著自己的額頭，好像她就是那隻獨角獸。

醫生對警察做了一個非常嚴肅的神情，於是警察站起來抓住妻子，在經過一番掙扎後才將發狂的妻子制服。要將她帶走時，碰到了從花園進來的先生，警察問他說：「你有沒有告訴你妻子，你看到一隻獨角獸？」

先生兩手一攤說：「當然沒有。獨角獸，那是神話裡才有的動物嘛！」然後，他們便將妻子押上車子帶走，關進瘋人院。

火鳳凰

奇幻特性：浴火重生的神鳥

　　火鳳凰是東、西方都有神秘傳說的聖獸。據說在鳳凰的死期將近時，牠會啣來一根一根的乾柴，然後坐在柴堆上。不久，由天而降的火種會點燃柴堆，燃起熊熊大火。火中會傳出鳳凰悲壯的歌聲，直到牠化作灰燼。三天後，灰燼中飛出一隻嶄新的火鳳凰，這是一個復活的生命，代表一次輝煌的重生。

　　鄧不利多的寵物火鳳凰佛客使，也是隻永生鳥，體型和天鵝差不多大，有一身燦爛華麗的猩紅與金色羽毛，金光閃閃的尾巴和孔雀尾巴一樣長，還有兩隻閃亮的金色鳥爪。當牠身體開始衰老的時候，就會浴火重生，新生後如同雛鳥一般。牠可以負載重物，尾羽可以做魔杖，眼淚可以治療傷痛，此外牠也是非常忠心的寵物。

　　佛客使曾兩度幫助哈利脫離險境。第一次是當佛地魔以湯姆‧瑞斗的名字現身時，牠攻擊佛地魔所召來的巨蛇，戳瞎蛇妖的眼睛；牠啣來的分類帽中，也變出一把銀

劍讓哈利得以殺死巨蛇。而當哈利被巨蛇的毒
牙刺入手臂時，佛客使流出珍珠白的眼淚讓疼痛
與傷口完全消失。

　　第二次是哈利與佛地魔在三巫鬥法大賽的獎盃所變成
的港口鑰中對決時，讓哈利得以安然回到霍格華茲。當哈
利與佛地魔的魔杖互相對峙時，在佛客使美妙動人的歌聲
裡，哈利以無比堅強的勇氣對抗佛地魔，並讓已死於佛地
魔魔杖之下的哈利父母的影子重現，教他如何對抗惡魔。

你知道嗎？

　　鄧不利多的寵物佛客使，他的英文名字叫做Fawkes，
這是源自歷史的一種篝火行為（英文為bonfires），這正暗喻
鳳凰浴火重生的傳說。

　　除了佛客使外，故事中一些人物的名字也多少有神話或
古文的影子與寓意。例如，阿各・飛七（Argus Filch）的名
字是來自希臘神話中的千眼巡守巨人阿格斯Argus。至於跩
哥・馬份的英文原名為 Draco Malfoy，Draco是源於拉丁文
的「龍dragon」，Mal代表「壞bad」，而foy類似「錯誤
mistake」，所以連在一起跩哥・馬份Draco Malfoy的意思就
是a dragon's bad mistake（一個脾氣暴躁的壞蛋）。

半人半獸

奇幻特性：具有類人化的形體

所謂半人半獸，顧名思義在形體與個性上，各自擁有一半獸與人的特徵。無論在西洋或是中國的神話傳說中，人獸佔有相當大的比例。像中國早期的神祇，幾乎都是以此面貌出現，例如人頭蛇身的伏羲與女媧，牛頭人身的神農與蚩尤。

在希臘神話中，這樣的例子更是不勝枚舉，例如水神潘恩與山林之神薩提羅斯，擁有半人半羊的形體；擁有兩倍人高度的米諾托，是牛頭人身；而殺死米諾托的雅典王子西修斯則是蛇人的後代，但已完全喪失蛇的形體。

在《哈利波特》中，也有許多半人半獸的角色，但可以看出，這些人獸可說都是從希臘神話中衍化出來的。

★ 人馬

在《哈利波特》中出現的人馬，與希臘
神話裏廣為人知的人馬相似。在神話裡，這種
住在森林中的怪獸，腰部以上有著人形，但是腰
部以下卻有著馬的身體，和一條長尾巴，叫做
Centaur(也稱做人馬)，牠們喜歡美酒，是一群性情兇殘、
總是拿著弓箭或長槍在山林間狩獵的好戰份子。此外，牠
們通常只載無助的少女，男人幾乎不可能騎上他。

而住在禁忌森林中的人馬，智力與人類相
當，其實不能稱為「怪獸」。但因為人馬不願意與
醜巫婆、吸血鬼等共享「靈性生物」的稱號，也希望與巫
師劃清界線，因此寧願被歸類於「怪獸」。

人馬不喜歡與巫師或麻瓜打交道，大部分都是和自己
的族人在一起，過著群體生活。人馬只專注於月亮和星星
的相關事物上，對於月亮周圍以外的東西，就一點興趣都
沒有，因此他們可以由觀察星象中預知未來，從而得知佛
地魔將東山再起並殺害哈利波特。除星象學外，牠們也精
通魔法治療、占卜與射箭。人馬也是很好的守密者，所以
很難由牠們的口中得到任何的祕密；如果你夠幸運的話，
或許牠會願意透露一些事情給你。

魔法史・魔法課・奇獸飼養學

★ 人面獅身

人面獅身像原本是世界七大奇景之一，是埃及極具代表性的景觀。

而在古希臘三大悲劇詩人之一沙弗克力斯的代表作品「伊底帕斯王」中，人面獅身成為一隻名為斯芬克斯的怪獸，在底比斯的路上把守著，牠出謎語給路過的人猜，如果猜不著的人便會被牠吃掉。當伊底帕斯經過時，斯芬克斯出了一個謎語：「什麼動物，早上用四隻腳走路，中午用兩隻腳，晚上用三隻腳？」，伊底帕斯猜出是人的幼年、壯年及晚年，斯芬克斯羞怒之下，投海而死，伊底帕斯因而被擁立為底比斯國王，並娶了已經被害的老國王的王后為妻。

在《哈利波特》裡的人面獅身，也是一位負責出題考問爭奪火盃競爭者的怪獸。據《怪獸和牠們的產地》一書中敘述，人面獅身是巫師和女巫們用來守護貴重物品以及秘密躲藏處，喜歡謎題與謎語。這些特性，都和「伊底帕斯王」裡的人面獅身近似。

★ 3.人魚

　　人們對人魚最熟悉的印象，大概就是來自安徒生童話中的「人魚公主」了。故事中的人魚公主愛上了陸地上的王子，想變成人類的她用自己悅耳的聲音，交換了一雙人類的腿。

　　在希臘神話裡，半魚半人的賽倫則被視為海妖，她總是在岸邊唱著淒美動人的歌聲，媚惑往返海上的水手，使他們所駕駛的船，不由自主地駛向岸邊的礁石，撞個粉碎。

　　在上述西方的這兩個故事中，人魚都擁有悅耳的聲音，這或許是在《怪獸和牠們的產地》一書中提到，無論是長得美麗或醜陋，又或是稱為人魚、海精、海妖或水妖，牠們都有一個共同的特性，那就是熱愛音樂。例如在三巫鬥法大賽中的第二項任務中，當哈利進入湖水拯救榮

恩時，便有一個人魚唱詩班利用歌唱的方式，呼喚鬥士們前來。

在中國神話故事中的「搜神記」中，也有類似人魚的傳說。上面記載在南海外，有像人又像魚一樣生活在水裏的生物，天天不停地紡織，也老是在哭，流出來的眼淚就成了珍珠。

在日本，對於人魚也有神秘的傳說。例如，有名的「八百比丘尼」傳說，就是因為吃了人魚的肉，而享有八百歲的長壽。

由於近代發現的一些例證，讓我們相信人魚可能不是傳說或神話，而是真正存在於現實中的生物。例如在一九六二年，一艘載有科學家和軍事專家的探測船，在古巴外海捕獲一個能說人話的小孩，皮膚呈鱗狀，有鰓，頭似人而尾似魚。小人魚說自己來自亞特蘭提斯市，還告訴研究人員在幾百萬年前，亞特蘭提斯大陸橫跨非洲和南美，後來沉入海底，現在存留下來的人還居住在海底，已經有三百歲了。後來這個小人魚被送往黑海一處秘密研究機構裡，供科學家們深入研究。

另一個例子，是一九九一年新加坡的聯合日報所報導

的，科學家們最近在南斯拉夫海岸發現世界首具完整的美
人魚化石，証實了這種以往只在童話中出現的動物，的確
曾在真實世界裡存在過。這具化石距今約有一萬兩千萬年
的歷史，但仍保存得很完整，能夠清楚見到這種動物擁有
鋒利的牙齒，還有強壯的雙顎，足以撕肉碎骨，將獵物殺
死。

你知道嗎？

　　十二星座裡的人馬座(即射手座)，即是出自上述的人
馬。在前面的文章提到，人馬是生性凶猛的怪獸，然而在這
一群殘暴的族群中有位例外者，他叫做肯農，是收穫之神羅
那斯的兒子，不但為人和善，懂得占卜、音樂，而且還是希
臘英雄海格拉斯的老師。

　　有一天海格拉斯和族人起衝突後逃到肯農家中，憤怒的
海格拉斯在混亂之中將有毒的箭射中了肯農，導致肯農中毒
而死。天帝宙斯覺得十分惋惜，所以把他變為天上的星星，
因而成為人馬座的由來。

蜘蛛

奇幻特性：多毛多手腳

　　蜘蛛是榮恩最怕的動物。但是除了他之外，相信有許多人也害怕這種毛茸茸、多手腳的昆蟲。

　　在世界各地，蜘蛛具有不同的意義。例如在中國，蛛蜘結成的網是八卦的由來；對於印度教及佛教而言，蜘蛛是編織幻象之網的織者。在美洲印地安神話裡，蜘蛛可連結過去與未來，是創造的陰性力量，她織就命運之網和奇蹟世界之夢，也創造了植物、動物以及人類。對於位於非洲迦納共和國阿善提族人而言，神話中的妖精蜘蛛象徵智慧神和神性。亞買加的妖精蜘蛛則代表人類、動物及神，有時甚至能智取眾神。南太平洋的老蜘蛛是創造者女神，在海洋中佔有重要地位，她的兒子小蜘蛛則創造火。

　　關於蜘蛛，也有不少的傳說。例如在耶穌襁褓時期，便是靠蜘蛛在他身上織網遮蔽，而逃過了希律王的追殺。

此外，在中世紀時，蜘蛛備受重視，因為牠們在人類屋舍所織的網能阻擋會散播疾病的蒼蠅。當時據說蜘蛛網破掉或網面不平，代表暴風雨將至。

相傳蜘蛛網放在傷口上可以止血；蜘蛛配糖漿可治發燒；蜘蛛放在胡桃果殼裡，可以避免瘟疫；愛爾蘭人用蜘蛛治療瘧疾。

如果想走運別殺蜘蛛。見到蜘蛛織網的人，短期內會獲得新衣服。

午後見到蜘蛛從網上掉落象徵你將有旅行。跑進蜘蛛網裡表示你會認識新朋友。衣服裡有蜘蛛代表財富將至，纖小的蜘蛛被稱作錢蜘蛛。

在魔法世界中，蛛蜘是巫師與女巫們的使者，也可以是魔藥的製作配方之一。供巫師使喚的妖精蜘蛛小巧得可以藏在披風的鈕釦裡，在女巫耳邊低語，發號指令。

在每一個魔法家庭中都少不了的《怪獸與牠們的產地》一書中(本書在麻瓜書店也有販售喔！)，便將蜘蛛精列為魔法部的第一個危險等級。哈利在書中「什麼是怪獸？」的標題上就自行寫下註解：毛茸茸的大東西，長了好多隻

腳。雖然當哈利住在德斯禮家中時，便是睡在蜘蛛很多的樓梯下的碗櫥裡，對蜘蛛也早就習以為常了，但這種蜘蛛精在哈利心目中，還真是不折不扣的「怪獸」。這種被認為是由巫術培育出來的魔法動物，不但伸展開後可達十五呎，甚至還會說人話。難怪當勇敢的哈利與害怕蜘蛛的榮恩進入禁忌森林時碰到這種大蜘蛛精時，都被嚇得魂飛魄散。也只有像海格這種喜歡養些龍、三頭狗等怪獸的人，才會把悉心照顧蜘蛛蛋，甚至幫蜘蛛精阿辣哥找了老婆媺沙，讓蜘蛛精家族日益壯大。

你知道嗎？

在希臘神話裡，蜘蛛的出現和雅典娜有關。雅典娜是手工藝的守護神，她卓越的編織手藝，無人能出其右。可是留地亞的紡織女阿拉克妮誇口說自己本領絕不比雅典娜遜色。雅典娜便和阿拉克妮比賽紡織，一決勝負。但比賽結束，當人神雙方各自展示作品時，雅典娜見到阿拉克妮的織品果真與自己的作品不相上下。雅典娜惱羞成怒，不但毀壞阿拉克妮的織品，還拿紡錘敲打阿拉克妮。阿拉克妮不甘受辱，於是上吊自盡。雅典娜後悔鑄成大錯，便將阿拉克妮變成蜘蛛，讓她繼續從事她最愛的編織工作。

下課時間

在魔法學院裡，我們可是人性化的管理，絕不會硬塞給你一堆知識而不讓你休息。鄧不利多校長認為，適當的運動與休憩活動可以讓你的頭腦更加靈活！

　　所以，學校也安排了許多吃喝玩樂的活動，讓大家好好放鬆身心。下課時間到了，輕鬆一下囉！

魔法萬聖節

霍格華茲學院裡，在開學、萬聖節和耶誕節這三個特別的日子裡會舉行隆重的宴席。其中，帶有神秘色彩的萬聖節也與魔法有著密不可分的關係。

說到萬聖節的由來，就要回溯到兩千五百年前，居住在大不列顛的居爾特人(即目前的蘇格蘭人、愛爾蘭人等)。他們在每年十月三十一日會舉行年度豐收祭典，象徵著一年的結束，以及新一年的開始。同時也利用這樣的儀式，表達他們對太陽神的敬意，因為太陽神讓他們的穀物豐收，以應付即將到來的冬天。但是在這一天的夜晚，也是死亡之神會與死者重返人間的時候，因此也是惡靈力量最強大的時候，因

此塞爾特族的牧師和祭司會主持祭典，以安撫掌管死亡的神。

　　由於看不見的靈魂會在陽世間穿梭，為了找到替身後得以重生，因此活著的人為了躲避死靈的搜索，在這天晚上會熄滅家裡的爐火，營造出一個寒冷陰森的環境，並且打扮成鬼怪的模樣，口中發出可怕的聲音，企圖嚇走靈魂，也讓靈魂分不清誰是活的人，而不能夠找到替身。過了這個晚上，第二天就是萬聖節，一切也就回復平靜了。

　　十九世紀初期，愛爾蘭裔移民將萬聖節的習俗帶進歐美。而隨著時間流逝，許多風俗習慣的傳統精神慢慢式微，到後來，裝扮成鬼怪或巫婆，變成只是一種儀式化的行為。至於夜裡，小孩子打扮成各種鬼怪，興高采烈地挨家挨戶去討糖果，則不是源自居爾特人，有可能是從西元九世紀的歐洲風俗演變而來的。在當時的習俗裡，每到十一月二日的萬靈節(All Souls Day)，基督徒就會到各個村莊去乞求一種方形的野莓餅，稱為「靈魂之餅」。當遇到好心的人家施捨這種糕餅，基督徒就會為他死去的親人祈禱。當時人相信，即使是陌生人的禱告，也能幫助超度亡魂上天堂，因此一般人都不吝於施捨這種糕點。

　　萬聖節的裝飾多以橘色和黑色爲主，這兩個顏色也是傳統的萬聖節裝飾代表色。黑色的代表像黑貓、蜘蛛和巫婆，橘色的代表像南瓜燈等，都是常見的萬聖節象徵，另外也有各式面目猙獰的鬼怪和骷髏等。

　　至於南瓜也是萬聖節的註冊商標，除了因爲每年秋天是南瓜收成的季節之外，其實這也有另外一個傳說。據說愛爾蘭有一個名叫傑克的酒鬼，曾經設計將撒旦騙上樹，並在樹幹上刻了一個十字架，讓撒旦不敢下來，結果魔鬼

和他達成協議，保證從此不再騷擾後才得以脫身。傑克死後，天堂和地獄都拒絕他進入。後來傑克來到地獄並且不肯離去，魔鬼便給了他一小塊灰燼，讓他在黑暗的地獄中能看清楚路，他便將灰燼放在一個打了許多洞的菜頭當中，好讓它燒久一點。

　　根據這個傳說，愛爾蘭人便利用菜頭來製作他們所謂的「傑克燈籠」。但是當移民到美國之後，發現新大陸的南瓜比菜頭普遍，於是改爲用南瓜雕刻成各種鬼臉，並且

在裡面擺放蠟燭。

在霍格華茲的萬聖節宴會裡，也有許多炫目的裝飾。一千隻蝙蝠會拍著翅膀從牆壁和天花板飛出來，另外還有一千隻蝙蝠像一片黑壓壓的雲層在餐桌上方飛來飛去。把南瓜裡蠟燭掃得劈啪響。在宴會裡的食物都是憑空冒出來的，各式各樣的美食滿滿的堆在餐盤裡，等到吃到盡興後，剩下的食物就會從盤中消失，變得跟先前一樣地乾淨。

嗯！這種有吃不完好吃的食物又不用洗盤子的事，還真的是要利用魔法才可以做得到呢！

有趣的巧克力蛙與巫師卡

巧克力蛙是魔法世界裡十分受歡迎的零食。它具有青蛙的外型，而且還是活的，如果不趕快把它吃掉，它還會逃走。放進嘴吧裡時，也可以感覺到它的掙扎。

巧克力蛙裡面都會附一張著名的巫師或女巫卡片，供人收集。這些卡片裡的人物不但會活動，擠眉弄眼，有時還會消失不見。這些卡片中比較著名的人有：

★ 阿葛麗芭 (*Agrippa*)

榮恩收集了約五百張的巧克力蛙卡片，就是獨缺阿葛麗芭與皮托勒米。生於德國科隆的阿葛麗芭（西元1486~1535年)是古今十大星象學家之一，他將魔方陣和衛星配合，運用在占星術上。他也是最早研究射影幾何的數學家

之一，對古希臘數學著作有深入的研究，早在1527年，就曾指出古希臘人的證明方法缺乏一般性。此外，由於他對於神秘力量也頗有研究，認為魔法也可以控制這些神秘力量，而且還曾經為一位被指控是女巫的老婆婆辯護，在當時被視為惡魔的同黨、邪惡的巫師。

★ 皮托勒米（Ptolemy，另一種譯名為托勒密）

這是榮恩缺的另一位圖卡巫師。只是嚴格來說，皮托勒米並非巫師，而是羅馬時代的希臘最偉大的天文學家。他認為，地球是宇宙的中心，是靜止不動的，月球、太陽、五個行星以及所有的恆星都以地球為中心運行。托勒密在觀察天文的同時，蒐集了先人的觀測資料，一共記錄了一千二十二個星星。他所寫的《四書》可說是影響日後歐洲和現今占星術最深遠的一部著作，自此，占星術成為一種可藉由命宮圖上所揭示的邏輯解釋，來預測個人的命運，以及對於天意預言的觀察。到了號稱現代天文學家之父的波蘭人哥白尼（1473~1543）時，這種觀念才起了變化，以後被伽利略與克卜勒證實，地球乃繞太陽運動的行星之一。

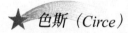

★ 色斯 （Circe）

在希臘神話中，色斯是一位具有神力的女巫，她能將冒犯她的人變成畜牲，於是人們就將她的名字作爲女巫、女妖、巫婆等的代名詞。有一則關於色斯的故事，是說一位名叫格勞克斯的漁夫因爲迷戀美麗的少女斯庫拉，因而央求色斯提供魔藥或咒語，使得少女也能愛慕他。色斯見到英俊的格勞克斯十分傾心，但對方卻嚴拒色斯的愛意，色斯十分生氣，因此將毒草製作成的毒液，倒入斯庫拉居住的西西里海岸附近的小海灣。進入毒海灣中洗澡的斯庫拉因此變成一隻妖怪，以吞食那些漂到她附近的不幸航海旅人爲樂。

古希臘詩人荷馬在的著名史詩「奧迪賽」裡寫道，色斯是太陽神的女兒，住在地中海一小島上，個性喜怒無常，喜愛將人變成動物，就曾把奧迪賽的同伴都變成豬。

★ 梅林 （Merlin）

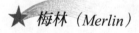

梅林是英國亞瑟王故事中一位有名的魔法師，據說她是精靈與修女的小孩。而眾人熟知的《石中劍》便是亞瑟王童年的故事，亞瑟王原本是被收養的孤兒，但魔法師梅林預知他將是未來的英國國王，於是他訓練小亞瑟成爲一

個英明的君王。梅林把亞瑟先後變成小魚、松鼠、麻雀，讓他獲得不同的生活體驗。最後當亞瑟不經意地走進大廣場，天空突然透露曙光，而當他拔起石中劍的那一刻，未來的君王就此誕生。（在《哈利波特》中，哈利接受了巫師鄧不利多的教導，並從一頂魔法帽子中抽出一把寶劍。這樣的情節其實與梅林、亞瑟王也頗類似）

梅林可說是十分富盛名的善良魔法師，他的偉大名聲除了讓他登上巧克力蛙巫師卡外，許多與魔法相關的事情也以他命名，例如鄧不利多就是巫師國際聯邦梅林勳爵士團的第一級大法師，而當穆敵見到劫盜地圖時，也大表驚嘆地說：「梅林的鬍子啊！」（雖然我們現在還不知道穆敵這樣說是代表什麼意思，但相信日後出版的哈利・波特應該會有所解釋）。

★ 莫佳娜（*Morgan le Fay*）

莫佳娜是亞瑟王同母異父的姊姊，不僅美若天仙，而且還具有預言、變形等魔力。

莫佳娜的名字le Fay和 fairy（仙女）一字 同源，因此據說她有仙女的血統。

歡迎來到斜角巷

　　各位準巫師們，你們的魔法用品該到哪裡購買呢？當然在麻瓜的各大百貨公司是買不到的，這可非到斜角巷才買得到。

　　斜角巷裡有哪些好玩的商店？又賣哪些東西呢？現在就讓我們去看看吧！

　　等一下，要到斜角巷可是要有技巧的。首先拿起你的魔杖，輕敲在破釜酒吧裡垃圾桶上方從左邊數過來的第三塊磚頭，磚頭便會開始蠕動，之後會出現一個大大的拱道，通往一條蜿蜒向前，直到看不見盡頭的圓石路。這，便是斜角巷了。而且踏入巷子後，拱道會迅速縮小，還原成堅硬的牆壁，以免麻瓜會發現。

★ 咿啦貓頭鷹商場

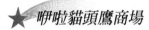

在魔法世界裡傳遞重要訊息的貓頭鷹，從灰林鴞、鳴角鴞、草鴞、褐鴞到雪鴞等，在這裡應有盡有。為了配合貓頭鷹晝寢夜出的生活習性，連店內也都是黑漆漆的。

★ 摩金夫人的各式長袍

由一位矮胖的女巫摩金夫人所開設的商店，學生們的長袍制服可以在這裡購買、訂做。但像是榮恩的妹妹金妮因為家裡較窮，她的制服便是到二手長袍店購買。

★ 華麗與污痕書店

在開學之前，每位學生都會先收到應準備的課本清單，這時只要來到華麗與污痕書店，就可以買到你要的書籍。這裡的書架上都堆滿了書，甚至頂到了天花板，其中有著像鋪路石板一樣巨大的皮面書，有像郵票一樣袖珍的銀殼小書，也有印著無數奇怪符號的書，以及裡面什麼也沒寫的無字天書。有的書籍更為

怪異，像是《怪獸的怪獸書》會彼此狂叫亂咬：《隱形的隱形書》讓人一本也找不到，因為它們全都隱形起來啦！

★ 奧利凡德魔杖店

西元前三八二年此店就已創立，店主奧利凡德有一對銀白色的眼睛，他利用一條印著銀色條紋記號的長捲尺，測量學生的手長、身長，以及頭圍的尺寸，為他們量身打造專屬的魔杖。每一根奧利凡德魔杖，都是獨一無二的，它利用獨角獸毛、鳳凰尾羽以及龍的心弦製成，裡面都蘊藏了一種力量超強的魔法物質。要是錯用了別的巫師的魔杖，效果便會大打折扣。

★ 優質魁地奇用品商店

顧名思義便是販售所有與魁地奇相關的產品，包括人人嚮往的新型飛天掃帚、榮恩最崇拜的查德利砲彈隊的長袍等。

★ 奇獸動物園

　　這裡是專門販賣奇珍異獸的商店，密密麻麻的籠子將牆壁完全遮住，店中臭氣沖天而且吵得要命。在這裡有紫色的大蟾蜍、會變成一頂絲質高頂禮帽的胖白兔、各種花色的貓等，妙麗便是在這間店裡買了她的黃色巨貓歪腿。如果你的寵物生病了，也可以在這裡得到醫療方面的諮詢，像是榮恩便買了鼠克補給他年老的老鼠斑斑補補元氣。

　　但是你可要小心，可別像哈利當初本來是要使用呼嚕粉到斜角巷，沒想到陰錯陽差地跑到了夜行巷。這可就是完全販賣黑魔法用品的商店街，像是「波金與伯克斯」就是其中最大的一間，裡面販賣許多奇怪的東西，像是放在軟墊上的萎縮人手，叫做光榮之手，只要在裡面塞一根蠟燭，就可以發出只有握住他的人才能看到的亮光，是小偷的最佳良伴。還有沾滿血跡的撲克牌、一顆漠然瞪視的玻璃眼球。此外，有一條被詛咒華麗貓眼石項鍊，至今已奪走十九位麻瓜擁有者的生命。

　　在夜行巷內，還有一些展示萎縮人頭的櫥窗、銷售毒蠟燭的商店等，陰森幽暗的氣氛，髒亂不堪的巷道，保證讓你不寒而慄。

逛逛活米村

　　活米村是在霍格華茲附近的一個村落，也是全國唯一完全沒有麻瓜居住的村落，是個百分之百的魔法村，根據霍格華茲學院圖書館中藏書《魔法歷史遺跡》的記載，它同時也是1612年妖精叛變事件總部。只有三年級以上的學生才可以前往這個地方，且必須有家長或監護人的簽名許可才行。

　　在活米村裡，有許多有趣的商店，而這也是學生們總是期盼假期來臨時能夠到那裡逛逛的原因。

★ 蜂蜜公爵

　　販賣各式各樣最令人垂涎的糖果點心，像是乳香四溢的牛軋糖、數百種巧克力等。另外一些具「特效」的糖果，例如可以讓整個房間充滿風信子藍色泡泡的「吹神超好吹」口香糖、怪異而且容易碎裂的薄荷潔牙線、可以幫人生火取暖的黑色胡椒鬼、吃了有如在胃裡活蹦亂跳的薄

荷奶油等，另外還有異常風味的鮮血口味棒棒糖。

★ 德維與班吉

可以買到各式各樣的巫師裝備。

★ 桑科的店

這裡販售的是惡作劇玩具和整人器材，像是屎炸彈、打嗝糖、青蛙卵肥皂等。

★ 三根掃帚

老闆是羅梅塔夫人，店內的招牌商品是充滿泡沫的奶油啤酒，這是哈利認為他這輩子嚐過過最好喝的東西，喝了之後可以讓人感覺全身溫暖。（這種奶油啤酒，在《格林童話》中也曾出現，一隻狐狸便是將啤酒溫熱過，再加上奶油調製而成奶油啤酒。）

三根掃帚另外還有紫羅蘭水、蜂蜜酒、櫻桃糖漿蘇打水、紅醋栗甜酒等飲料。

★ 郵局

　　裡面至少有三百隻貓頭鷹，全部都坐在
架子上，而且以不同的顏色來區分送信的速度。
從大型的巫林鴞到超迷你紅角鴞都有，其中紅角鴞只能送
國內信件，而且小到可以坐在人的手掌心中。

★ 葛拉德巫師穿著店

　　有賣全家人使用的掃帚。

★ 高級巫師服飾

　　哈利等人曾到此處為多比買禮物，其中有一雙襪子上
面有著閃閃發亮的金銀星圖案，另一雙則會在臭得太厲害
時就會大聲尖叫。

★ 尖叫屋

　　這是全英國鬧鬼最兇的住宅，甚至連霍格華茲的幽靈
都會避開這個地方。它佇立在小山丘上，跟活米村隔了一
小段距離。

巫師檢定考

經過了漫長而困難的學習，各位準男巫、女巫們一定功力大增，想必也準備在麻瓜世界裡一展身手了吧！

別急，你得先通過巫師檢定考，這是如同要從霍格華茲畢業必須要通過的考試──N.E.W.T.（the abbreviation of Nastily Exhausting Wizarding Tests）超級疲勞轟炸巫術測驗。

這項檢定考試分為初級、中級與高級，能順利畢業還是得留校察看，就看你平常用不用功了。

準備好了嗎？考試開始囉！

魔法學院初級班試題

1. 霍格華茲一共有幾道階梯？
   （A）142（B）144（C）145

2. 在斜角巷的哪一家店可以買到霍格華茲的長袍？
   （A）胡奇夫人（B）摩金夫人（C）龐芮夫人

3. 在王十字車站前往霍格華茲的火車是幾點開？
   （A）十點四十五分（B）十一點（C）十一點半

4. 榮恩的哥哥查理在哪一個國家研究龍？
   （A）羅馬尼亞（B）捷克（C）挪威

5. 哪一個學院的代表精神是心思敏捷，機智而博學？
   （A）葛來分多（B）赫夫帕夫（C）雷文克勞

6. 如果忘了做某件事情，將記憶球握在手裡時，它會
   變成什麼顏色？
   （A）金色（B）紅色（C）黃色

7. 哈利波特是在何時獲得他的第一根飛天掃帚光輪兩
   千的？（A）開學時（B）萬聖節（C）聖誕節

8. 在魁地奇比賽中，只要搜捕手抓到金探子，就可以替球隊多得多少分？
   （A）一百分（B）一百五十分（C）二百分

9. 妙麗的父母是什麼職業？
   （A）牙醫（B）老師（C）律師

10. 在調配魔藥時，不需要用到獨角獸的哪一項東西？
    （A）角（B）馬蹄（C）尾毛

11. 如果未成年的巫師在校外施展魔法，會遭到哪種處分？（A）限制出境（B）開除學籍（C）禁足

12. 榮恩的房間主要是什麼顏色？
    （A）紅（B）橘（C）藍

13. 魔蘋果是一種藥效非常強的解毒藥，它具有什麼功用？
    （A）讓高燒消退（B）讓被黑魔法施法的人甦醒
    （C）讓變形或受詛咒的人恢復原形

14. 佛地魔的雙親是
    （A）麻瓜父親，女巫母親（B）巫師父親，麻瓜母親（C）都是麻瓜

15. 火鳳凰的什麼東西可以治病？
（A）羽毛（B）鳥嘴（C）眼淚

16. 黑魔法防禦術老師路平教授第一堂課教導學生對抗
的怪物是什麼？
（A）催狂魔（B）幻形怪（C）鷹馬

17. 劫盜地圖中共有幾條通道？
（A）7（B）8（C）9

18. 下面哪一間店是魔法用品商店？
（A）三根掃帚（B）桑科的店（C）德維與班吉

19.「止止，不透」是適用於何處的咒語？
（A）防水（B）防火（C）防風

20. 騎士公車的車掌叫做什麼名字？
（A）史坦（B）爾尼（C）馬許夫人

21. 崔老妮教授為了聖誕節，特地換了一套什麼顏色的
洋裝參加學校的盛宴？
（A）紅色（B）黑色（C）綠色

22. 當哈利披著隱形斗篷而被馬份發現他的頭露出後，
他急忙回到學校，並把斗篷藏在哪裡？
（A）胖女士的畫像後面（B）獨眼駝背女巫雕像下
面的通道（C）活板門後面

23. 魁地奇世界盃決賽的第一場比賽，是哪兩個國家對決？（A）愛爾蘭、保加利亞（B）愛爾蘭、蘇格蘭（C）愛爾蘭、英格蘭

24. 參加三巫鬥法大賽的選手必須年滿（A）十六歲（B）十七歲（C）十八歲

25. 哈利的生日是在（A）六月（B）七月（C）八月

26. 維喀多‧喀浪在德姆蘭的魁地奇代表團中，擔任什麼（A）追蹤手（B）打擊手（C）搜捕手

27. 三巫鬥法大賽多久舉辦一次？（A）三年（B）五年（C）七年

28. 關於三巫鬥法大賽的規定，那一項是錯誤的？（A）鬥士們在接受第一項挑戰時，唯一能使用的武器就是魔杖與飛天掃帚（B）鬥士們在結束第一項任務時，才會知道第二項任務的指示（C）鬥士們不需參加期末考

29. 天狼星認為，要對付龍必須使用什麼咒語？（A）昏擊咒（B）結膜咒（C）穿透咒

30. 哈利送給多比的聖誕節禮物是（A）短褲（B）襪子（C）衣服

31. 哪一種奇獸喜歡亮晶晶的東西？
   （A）滾帶落（B）玻璃獸（C）爆尾螺蝦

32. 穆敵推薦的正氣師人選，不包括
   （A）哈利（B）妙麗（C）榮恩

33. 飼養下面哪一種動物不需要施「去幻像咒」？
   （A）天馬（B）鷹馬（C）獨角獸

34. 哈利在儲思盆中看到奈威的父母被食死人以什麼咒
   語折磨？
   （A）酷刑咒（B）索命咒（C）變形咒

答案： 1.（A） 2.（B） 3.（B） 4.（A） 5.（C） 6.（B）
7.（B） 8.（B） 9.（A） 10.（B） 11.（B） 12.（B）
13.（C） 14.（A） 15.（C） 16.（B） 17.（A） 18.（C）
19.（A） 20.（A） 21.（C） 22.（B） 23.（A） 24.（B）
25.（B） 26.（C） 27.（B） 28.（A） 29.（B） 30.（B）
31.（B） 32.（C） 33.（C） 34.（A）

答對1~11題：留級

　　你根本對霍格華茲學院裡的事情一點也不瞭解嘛！很抱歉，你必須從最基本的知識重新學起。

答對12～22題：勉強及格

　　雖然成績不算理想，但還過得去啦！在進入中年級就讀之前，最好先複習一下曾教授過的課程。

答對23～34題：高分 all pass

　　你真是鄧不利多心目中的高材生，跟哈利‧波特一樣優秀！恭喜你可以向成功的巫師、女巫邁進一大步！

魔法學院中級班試題

1. 如果將水仙球根加入苦艾汁中，會調出什麼魔藥？
   （A）解毒藥 （B）止痛藥 （C）安眠藥

2. 下面哪一本書不是霍格華茲學院一年級新生所需準
   備的書籍？
   （A）一千種神奇藥草與蕈類 （B）黑暗力量：自衛
   指南 （C）與山怪同遊

3. 哈利波特的魔杖有多長？
   （A）十又四分之一吋 （B）十一吋 （C）十三吋半

4. 下面哪一項不是鄧不利多的嗜好？
   （A）室內樂 （B）戲劇 （C）十柱球戲

5. 哪一本書沒有提到哈利波特的名字？
   （A）二十世紀重要巫術事件 （B）現代魔法史 （C）
   怪魔法師的狂魔法

6. 在《穿越歷史的魁地奇》書中記載，球賽作弊的方
   式有七百多種，哪一年的世界盃球賽中把所有的花
   招都用上了？ （A）一六七三年 （B）一五七三年
   （C）一四七三年

7. 在哈利波特出賽的第一場魁地奇球賽中，萬來分多獲得多少分數贏得壓倒性的勝利？
   (A) 二百分 (B) 一百八十五分 (C) 一百七十分

8. 海格養的挪威脊背龍蘿蔔，必須每隔半個鐘頭餵牠摻有什麼東西的白蘭地？
   (A) 馬血 (B) 雞血 (C) 鳥血

9. 榮恩的家位於哪一條街？
   (A) 水蠟樹街 (B) 蘭月街 (C) 奧特瑞街

10. 魔法部麻瓜人工製品濫用局的主管，也就是榮恩的父親亞瑟‧衛斯禮，曾因使用魔法改造一輛麻瓜汽車而被判什麼處罰？
    (A) 繳納五十加隆的罰金 (B) 停職三個月 (C) 調離魔法部

11. 施哪一個咒語可以讓使用隱形墨水的的字現形？
    (A) 哇滴哇浠 (B) 阿八拉象 (C) 哩吐三卜啦

12. 飛天掃帚火閃電可以在十秒鐘之內從零加速至多少哩？ (A) 一百哩 (B) 一百五十哩 (C) 兩百哩

13. 哪一本書是占卜學課程的指定用書？
    (A) 死亡前兆 (B) 預測那不可測知的一切 (C) 撥開未來迷霧

14. 當哈利在魁地奇比賽中因為遇到催狂魔，從光輪兩千摔落而住院後，海格送給他什麼禮物？
（A）一張會唱歌的「早日康復」卡（B）像黃色包心菜的蠼搜花（C）一隻玻璃獸

15. 為什麼霍格華茲禁止學生接近渾拚柳？
（A）因為它的樹枝差點捲死一個人（B）因為它差點弄瞎一個人的眼睛（C）因為它會噴出毒液

16. 派西曾和他的女朋友潘妮以多少錢打賭魁地奇比賽的勝利者？（A）十加隆（B）十西可（C）十納特

17. 三年級的變形學畢業考題之一是
（A）把講桌變成一隻豬（B）把火柴變成一根針
（C）把茶壺變成陸龜

18. 鷹馬巴嘴被危險生物處分委員會訂在幾號處斬？
（A）六月六日（B）六月十六日（C）六月二十六日

19. 級長浴室的通關密語是
（A）梅花香氣（B）桃花心木（C）松木清香

20. 下面哪一個咒語可以召來骷髏頭？
（A）魔魔斃（B）咒咒虐（C）曝曝消

21. 下面哪一種龍不是三巫鬥法大賽中第一項任務中出現的？（A）威爾士綠龍（B）挪威脊背龍（C）瑞典短吻龍

22. 西追在三巫鬥法大賽中第一項任務中將石頭變成什麼？（A）拉不拉多（B）黃金獵犬（C）米格魯犬

23. 奇獸學代課老師葛柏藍教授教導學生認識的奇獸是（A）人馬（B）獨角獸（C）火龍

24. 霍格華茲圖書館的館長是（A）克拉格夫人（B）賴娜夫人（C）平斯夫人

25. 吃了弗雷與喬治發明的「金絲雀奶油」後，會（A）長出翅膀（B）長出鳥嘴（C）長出羽毛

26. 預言家日報的記者麗塔·史譏是一名爲登記註冊的化獸師。當她變成什麼動物時，被妙麗抓住放在玻璃罐裡？（A）蝴蝶（B）甲蟲（C）蜜蜂

27. 弗雷把哈利養的哪一種奇獸拿去當成博格練習了？（A）紅軟帽（B）胖胖球（C）毛菇精

28. 與山怪有血緣關係的奇獸是（A）雪人（B）狼人（C）鷹馬

低年級‧中年級‧高年級

29. 被公認有史以來最精彩的魁地奇球賽之一,由女頭鳥對出戰海德堡獵犬隊,比賽一共進行多久?
(A) 五天 (B) 七天 (C) 九天

30. 泥怪最喜歡的食物是
(A) 魔蘋果 (B) 地精 (C) 馬蝌蚪

31. 不赦咒中哪一個是酷刑咒的咒語?
(A) 咒咒虐 (B) 暴暴吞 (C) 靈靈令

32. 當馬份侮辱榮恩的父母時,他被穆敵施法後變成什麼動物?
(A) 滾帶落 (B) 黏巴蟲 (C) 雪貂

答案： 1. （C） 2. （C） 3. （B） 4. （B） 5. （C） 6. （C）
7. （C） 8. （B） 9. （C） 10. （A） 11. （B） 12. （B）
13. （C） 14. （B） 15. （B） 16. （A） 17. （C） 18. （A）
19. （C） 20. （A） 21. （B） 22. （A） 23. （B） 24. （C）
25. （C） 26. （B） 27. （B） 28. （A） 29. （B） 30. （A）
31. （A） 32. （C）

答對1～11題：留級

想上高級班？門都沒有。你雖然通過初級班的測驗，但是你對於霍格華茲學校的瞭解也僅止於表面功夫而已，並沒有真正的深入瞭解其中奧妙，勸你再回頭多學學吧！

答對12～22題：勉強及格

嗯……，雖不是很滿意，但是差強人意啦！看在你有心要繼續學習的份上，就特別通融一次。不過，建議你記得要溫故知新，學習新的知識雖然很重要，但是基礎如果打的不穩當，那麼一切也是白搭唷！

答對23～32題：過關囉

恭喜你，可以再進一步去探索魔法學院的奧秘了。不過千萬不要太過於自滿喔，記得要謙虛，這樣才能學到更多東西，希望你可以繼續努力。

魔法學院高級班試題

1. 溫迪克是下面哪一本書的作者？
   （A）詛咒與反詛咒（B）魔法理論（C）黑魔法的
   興起與衰落

2. 什麼動物會令海格打噴嚏？
   （A）蟾蜍（B）蜘蛛（C）貓

3. 哈利的父親詹姆‧波特所使用的魔杖是什麼材質製
   成的？
   （A）橡木（B）桃花心木（C）黑檀木

4. 「波金與伯克斯」是販賣什麼東西的商店？
   （A）書籍（B）酒（C）黑魔法用品

5. 吉德羅‧洛哈教授在哪一本書裡，提到他最喜歡的
   是紫丁香色？
   （A）與報喪女妖共享休閒時光（B）神奇的我（C）
   與雪人相伴的歲月

6. 要調配可以變成另一個人的變身水，在禁書區的哪
   一本書中才找得到藥方？
   （A）魔法藥劑與藥水（B）超強魔藥（C）今日變
   形術

7. 在鄧不利多住的地方，大門上有一個什麼動物形狀
的黃銅敲門環？
(A) 獅身鳥首 (B) 鷹頭馬首 (C) 獅身人首

8. 哈利波特在霍格華茲學院二年級時，德思禮夫婦送
給他什麼聖誕禮物？
(A) 一張面紙 (B) 五毛錢硬幣 (C) 一根牙籤

9. 魔法師會議於何時正式通過禁止養龍的法案？
(A) 一七○五年 (B) 一七○七年 (C) 一七○九
年

10. 蛇妖是如何誕生的？
(A) 由青蛙孵育鳥蛋 (B) 由蟾蜍孵育雞蛋 (C)
由雞孵育蛇蛋

11. 比爾‧衛斯理在埃及古靈閣巫師銀行中擔任什麼工
作？ (A) 部長 (B) 解咒師 (C) 正氣師

12. 下列哪一門課程不是霍格華茲學院三年級學生的選
修科目？
(A) 古代神秘文字研究 (B) 黑暗力量：自衛指南
(C) 麻瓜研究

13. 活米村的酒館成為妖精叛亂事件的總部，是在何
時？ (A) 一六一○年 (B) 一六一二年 (C) 一六
一五年

14. 在破釜酒吧裡，哈利住在幾號房？
   （A）11 （B）13 （C）15

15. 為了要享受被火燒的輕柔、酥麻感覺，有一位女巫
   故意被抓四十七次，她的名字叫做
   （A）拉奇林 （B）凱朵 （C）溫德琳

16. 在蜂蜜公爵裡面賣的雪寶球，具有什麼特效？
   （A）可以讓整個房間充滿風信子藍色的泡泡 （B）
   可以生火取暖 （C）可以讓人浮起來

17. 在一七二二年，一頭人面獅身龍尾獸忽然野性大
   發，對人亂踢亂咬，後來這頭粗暴野獸的下場是？
   （A）被放走了 （B）被處決了 （C）被送到阿茲卡
   班監獄

18. 妙麗的麻瓜研究論文題目是
   （A）文字對麻瓜的重要性 （B）麻瓜為何需要電力
   （C）麻瓜的貨幣世界

19. 下面哪一種貓頭鷹只能寄送信國內郵件？
   （A）紅角鴞 （B）烏林鴞 （C）大雪鴞

20. 石內卜在檢查劫盜地圖時，地圖上顯示，是誰寫著
   石內卜是個醜雜種？
   （A）月影 （B）鹿角 （C）獸足

21. N. E. W. Ts是什麼考試的縮寫？
(A) 普通巫師等級 (B) 超級疲勞轟炸巫術測驗
(C) 正氣師測驗

22. 天狼星在古靈閣的帳戶是幾號？
(A) 七百一十一號 (B) 七百一十三號 (C) 七百
一十五號

23. 國際魁地奇協會的巫師會長哈山‧莫法塔，來自哪
一個國家？
(A) 挪威 (B) 埃及 (C) 印度

24. 魔杖使用法則第三條是
(A) 禁止對不具備攻擊性的麻瓜使用魔杖 (C) 非
人類生物不得攜帶或使用魔杖 (C) 不具法力的爆
竹不可使用魔杖

25. 魔藥植物泡泡莖的濃汁有什麼療效？
(A) 讓動物返老還童 (B) 治療嚴重的感冒 (C)
治癒特別難纏的面皰

26. 崔老妮教授說，哈利在出生時是受到哪一個行星的
不祥力量所影響？
(A) 土星 (B) 水星 (C) 海王星

27.《霍格華茲‧一段歷史》全書一共有
(A) 500頁 (B) 1000頁 (C) 1500頁

28. 如果要使攻擊者的速度變慢，並妨礙對方的攻擊威
    力，要施哪一個咒語？
    （A）屏障咒（B）障礙惡咒（C）不赦咒

29. 在三巫鬥法大賽的第三項任務中，必須往哪一個方
    向走，才能到達迷宮中的中心？
    （A）北方（B）西北方（C）西方

30. 下面哪一個符咒不屬於障礙惡咒？
    （A）咄咄矢（B）噴噴障（C）曝曝消

31. 將下列哪一種奇獸的糞便澆到魔法藥草或花床上，
    會使植物長得特別快？
    （A）伸縮蜴（B）拜月獸（C）海葵鼠

32. 哪一種奇獸不住在抗辨識區？
    （A）三頭蛇（B）五足獸（C）兩腳蛇

33. 哪一支魁地奇球隊的吉祥物是家喻戶曉的奶油啤酒
    廣告明星？（A）查德利砲彈隊（B）溫伯黃蜂隊
    （C）巴利堡蝙蝠隊

34. 日本魁地奇球隊在比賽輸球時，有下列哪一項傳
    統？（A）火葬掃帚（B）重製掃帚（C）分解掃帚

35. 一九三五年喬昆達‧賽克使用哪一支飛天掃帚飛越
    大西洋？（A）銀箭號（B）綴月號（C）橡木柄七
    九

答案： 1.（A） 2.（C） 3.（B） 4.（C） 5.（C） 6.（B）
7.（B） 8.（C） 9.（A） 10.（C） 11.（B） 12.（B）
13.（B） 14.（A） 15.（C） 16.（C） 17.（A） 18.（B）
19.（A） 20.（A） 21.（B） 22.（A） 23.（B） 24.（C）
25.（C） 26.（A） 27.（B） 28.（B） 29.（B） 30.（C）
31.（B） 32.（C） 33.（C） 34.（A） 35.（C）

答對1～11題：留級

考成這樣怎麼可以讓你畢業！再回去好好的研習一番，不要以爲上了高級班就一定保證可以學到魔法的精髓，事情並沒有你想像中那樣簡單。

答對12～22題：勉強過關

這種成績雖然不盡人意，但是還差強人意啦！魔法並不如你想像中容易，要多花點心思在上面。不要忘記還要繼續研習，以免又退化成麻瓜。

答對23～35題：

哇！給你拍拍手，給你放煙火。你骨子裡擺明了就是流著巫師或者女巫的血液，魔法學院很高興能有你這樣的高材生，以後我們將以你爲榮。

魔法學院畢業證書

學生　　　　　係　　　省　　　　縣　　　　人
　　　　　　　　　　　市　　　　市

於西元　　　年　　　月　　　日生

在本學院魔法學系修業期滿，並且通過三級檢定
考，修業成績及格，順利由麻瓜升等爲巫師，因
此准予畢業，並依魔法學院法之規定，授予巫師
學位。唯魔法學海無邊，希望在獲得此學位後，
仍能夠繼續努力，以免又退化成麻瓜。

　　此證

魔法學院

　　　西元　　　年　　　月　　　日

魔法筆記

魔法筆記

哈利波特魔法學院

作者	何之青
發行人	林敬彬
主編	郭香君
助理編輯	蔡佳淇
封面插畫	李信慧
美術設計	周莉萍
出版	大都會文化 行政院新聞局北市業字第89號
發行	大都會文化事業有限公司
	110台北市基隆路一段432號4樓之9
	讀者服務專線：（02）27235216
	讀者服務傳真：（02）27235220
	電子郵件信箱：metro@ms21.hinet.net
郵政劃撥	14050529 大都會文化事業有限公司
出版日期	2002年6月初版第1刷
定價	160 元
ISBN	957-30017-6-4
書號	Fashion-003

Printed in Taiwan

大都會文化
METROPOLITAN CULTURE

國家圖書館出版品預行編目資料

哈利波特魔法學院／何之青著
—— 初版 ——
臺北市：大都會文化發行
2002〔民91〕
面；　公分. —（流行瘋系列；3）
ISBN：957-30017-6-4
1. 巫術
295
91009119

北 區 郵 政 管 理 局
登記證北台字第9125號
免 貼 郵 票

大都會文化事業有限公司
讀者服務部收

110 台北市基隆路一段432號4樓之9

寄回這張服務卡(免貼郵票)
您可以：
◎不定期收到最新出版訊息
◎參加各項回饋優惠活動

▲ 大都會文化 讀者服務卡

書號：Fashion-003　哈利波特魔法學院

謝謝您選擇了這本書！期待您的支持與建議，讓我們能有更多聯繫與互動的機會。日後您將可不定期收到本公司的新書資訊及特惠活動訊息，如直接向本公司訂購書籍（含新書）將可享八折優惠。

A. 您在何時購得本書：＿＿＿＿年＿＿＿＿月＿＿＿＿日

B. 您在何處購得本書：＿＿＿＿＿＿＿＿書店，位於＿＿＿＿＿＿＿＿(市、縣)

C. 您從哪裡得知本書的消息：1.□書店 2.□報章雜誌 3.□電台活動 4.□網路資訊 5.□書籤宣傳品等 6.□親友介紹 7.□書評 8.□其它＿＿＿＿＿＿＿＿＿＿＿＿＿＿＿

D. 您購買本書的動機：（可複選）1.□對主題或內容感興趣 2.□工作需要 3.□生活需要 4.□自我進修 5.□內容為流行熱門話題 6.□其他＿＿＿＿＿＿＿＿＿＿＿

E. 您最喜歡本書的：（可複選）1.□內容題材 2.□字體大小 3.□翻譯文筆 4.□封面 5.□編排方式 6.□其它＿＿＿＿＿＿＿＿＿

F. 您認為本書的封面：1.□非常出色 2.□普通 3.□毫不起眼 4.□其他＿＿＿＿＿＿＿＿

G. 您認為本書的編排：1.□非常出色 2.□普通 3.□毫不起眼 4.□其他＿＿＿＿＿＿＿＿

H. 您通常以哪些方式購書：(可複選) 1.□書展 2.□逛書店 3.□劃撥郵購 4.□團體訂購 5.□網路購書 6.□其他＿＿＿＿＿＿＿＿＿＿＿＿＿＿＿＿＿＿

I. 您希望我們出版哪類書籍：（可複選）1.□旅遊 2.□流行文化 3.□生活休閒 4.□美容保養 5.□散文小品 6.□科學新知 7.□藝術音樂 8.□致富理財 9.□工商企管 10.□科幻推理 11.□史哲類 12.□勵志傳記 13.□電影小說 14.□語言學習（＿＿＿ 語） 15.□幽默諧趣 16.□其他＿＿＿＿＿＿＿＿＿＿＿＿＿＿＿＿＿＿＿＿＿＿＿＿＿

J. 您對本書(系)的建議：＿＿＿

K 您對本出版社的建議：＿＿

讀者小檔案

姓名：＿＿＿＿＿＿＿＿＿＿＿＿ 性別：□男 □女　生日：＿＿＿年＿＿＿月＿＿＿日

年齡：□20歲以下 □21～30歲 □31～50歲 □51歲以上

職業：1.□學生 2.□軍公教 3.□大眾傳播 4.□服務業 5.□金融業 6.□製造業 7.□資訊業 8.□自由業 9.□家管 10.□退休 11.□其他＿＿＿＿＿＿＿＿＿＿＿＿＿＿＿

學歷：□國小或以下 □國中 □高中／高職 □大學／大專 □研究所以上

通訊地址：＿＿＿＿＿＿＿＿＿＿＿＿＿＿＿＿＿＿＿＿＿＿＿＿＿＿＿＿＿＿＿＿＿

電話：（H）＿＿＿＿＿＿＿＿＿ （O）＿＿＿＿＿＿＿＿＿ 傳真：＿＿＿＿＿＿＿＿

行動電話：＿＿＿＿＿＿＿＿＿ E-Mail：＿＿＿＿＿＿＿＿＿＿＿＿＿＿＿＿＿＿＿

優雅與狂野——
威廉王子

在這本溫馨感人、多采多姿的傳記裡面,皇室專家尼可拉斯·戴維斯道出了這位未來國王??威廉王子,背後所隱藏的複雜個性。從在帕汀頓聖瑪莉醫院出生起,經過了快樂幸福的孩提時期,以及尷尬扭的青少年前期,到突然長大的成熟期,這本書帶領我們一窺了迷人王子的面貌。

尼可拉斯·戴維斯/著
邱俐華/譯定價260元

走出城堡的王子

威廉王子,這位身材修長、金髮、俊美,集母親黛安娜王妃優點於一身的少年王子,以他無可匹敵的獨特魅力,擄獲了全球女性的芳心。這本寫真書,收錄威廉王子數十幀精彩圖片,是想一窺皇室堂奧與欲一親威廉芳澤者必備珍藏書。

尼可拉斯·戴維斯/著
柔之/譯
定價160元

殞逝的英格蘭玫瑰

黛安娜的婚姻與愛情故事始終是群眾追逐的焦點,但在1997年8月31日的夜裡,這位讓全世界鎂光燈瘋狂的王妃,卻因車禍在巴黎喪生,而奇蹟似地走過鬼門關的保鏢特夫·李斯瓊斯,是唯一目睹車禍發生的倖存者。經由他在書中所陳述的事實,不但據實揭露黛妃生前愛情的種種細節,也揭開了車禍的細節內幕。

特夫·李斯瓊斯/著
劉世平/譯
定價360元

璀燦的威爾斯之星

從與英國王儲查理王子結縭,到車禍身亡,十七年的時光裏,黛安娜一直是世人目光的焦點。在黛妃的一生中,嫁入皇室是榮耀的開始,卻也是寂寞宿命的起始。本書主要描述三個主題:黛安娜的貪食症、自殺傾向以及查理王子跟卡蜜拉之間的關係,徹底揭露黛妃長期於虛偽的皇室中以及在媒體偷窺追逐的壓力下,如何尋找自信與追求自我價值的真實動人歷程。

安德魯·莫頓/著
定價360元

跟著偶像
Fun韓假

《跟著偶像Fun韓假》,是為哈韓族所特別量身打造的新書。本書精選最受歡迎的四大韓劇:「火花」、「藍色生死戀」、「愛上女主播」與「情定大飯店」,以輕鬆俏皮的書寫方式,帶領讀者先來一趟精闢的劇情之旅,並剖析劇中主角在劇情與現實生活中的個性、私密檔案與趣味事。此外,還介紹了四大韓劇的經典場景,並另外推薦遊韓必訪的七大景點,以及搭配必買特產與必嚐美食,成為一本集流行、旅遊、購物與美食於一身的遊韓導覽書籍。

黃依藍/著
定價260元

女人百分百

在「女人百分百——男人心中的最愛」書中,作者整彙二百五十位各行各業的男人針對20項關於「性」和「男女關係」的觀察研究問題。書中的探討的問題相當廣泛,從欣賞到追求的普及問題,到床笫間的男歡女愛的限制問題皆有。內容主要分為四個篇章:動機法則、追求法則、結婚法則、性愛法則。透過這些男人心中的真話,明白道出他們心中的百分之百的女人應該具備哪些條件。

海莉·伯特琪/著
周秀玲/譯
定價180元

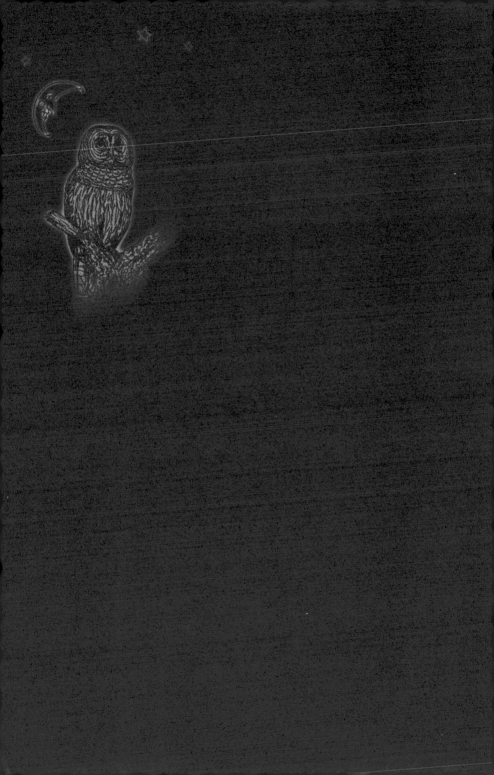